U0890006

我将财富播撒人间

洛克菲勒自传

Rockefeller

〔美〕洛克菲勒◎著　王晓玉◎编译

远方出版社

图书在版编目(CIP)数据

我将财富播撒人间：洛克菲勒自传／（美）洛克菲勒著；王晓玉编译. --呼和浩特：远方出版社,2017.12(2019.3 重印)

ISBN 978-7-5555-1009-3

Ⅰ.①我… Ⅱ.①洛…②王… Ⅲ.①洛克菲勒(Rockefeller, John Davison 1839-1937)-自传 Ⅳ.①K837.125.38

中国版本图书馆 CIP 数据核字(2017)第 318127 号

我将财富播撒人间：洛克菲勒自传

WO JIANG CAIFU BOSA RENJIAN LUOKEFEILE ZIZHUAN

作　　者　〔美〕洛克菲勒
编　　译　王晓玉
责任编辑　董美鲜　奥丽雅
责任校对　心　妍
封面设计　胡椒书衣
版式设计　王志利
出版发行　远方出版社
社　　址　呼和浩特市乌兰察布东路666号　邮编 010010
电　　话　(0471)2236471 总编室　2236460 发行部
经　　销　新华书店
印　　刷　北京市艺辉印刷有限公司
开　　本　145mm×210mm　1/32
字　　数　142 千
印　　张　7
版　　次　2017 年 12 月第 1 版
印　　次　2019 年 3 月第 2 次印刷
标准书号　ISBN 978-7-5555-1009-3
定　　价　32.00 元

如发现印装质量问题，请与出版社联系调换

引　言

回忆是精彩人生的组成部分，所以人总是喜欢回首往事，尤其到了一定的年龄，我也一样。过去发生的那些事以及对我的人生影响深刻的那些人——他们，特别是那些商界人士，大部分都相当出色，在全国都是出类拔萃的人物——总是不断地浮现在我的脑海，我急切地想把这些美好分享给大家。这些事对我的人生、我的事业都具有重要的意义，令我永生难忘，我必须将它们记录下来，与大家共享。

对自己的私生活该不该公开？怎样公开才能让自己免受非议？对于这个问题一直是众说纷纭，莫衷一是。对自己的过往经历说得过多，人们就会觉得你过于骄傲，目中无人；闭口不言，人们又认为这是心虚的表现，难免遭人误会。

我不是一个喜欢将个人生活公之于众的人，然而家人和朋友一致认为我应该将那些受人误解的事情记录下来，让大家知道真相。我觉得自己应该采纳他们的建议，同时也希望以此来回忆一下生命中无比可贵的往事。

另外还有一个原因促使我写下这些回忆性的文字：社会上流传的事情哪怕只有十分之一是真实的，我的那些忠心耿耿而又精干老练的朋友都会觉得冤屈。他们中的许多人已经去世了。而我一直认为时间会证明一切，历史会还事实一个真相，便决定保持沉默。然而我又想，既然我活着就能证明一些事情，为那些被炒得沸沸扬扬的事情做出声明，似乎就应该站出来去澄清，要不然，人们会一直不明真相地去争论。

任何人都要在对事实真相有足够的了解之后才能做出最后的判断，因为这些事情与那些死者的名誉、生者的生活密切相关。

这些回忆性的文字写得有些零乱，有些随意，完整性不是太好，因为我并不希望将它出版，也没有将它作为一部正式的自传去写。

我与那些合作伙伴和同事携手共进、亲密合作，多年来结下了深厚的友谊，一想起这些，我就感到无比的快乐与满足。不过我也知道，我虽然认为这些记忆是一笔珍贵的财富，但读者未必这样认为，长篇大论地去写肯定会令读者厌烦，所以，我在文中只提到其中一部分朋友，我之所以在商业上取得如此大的成功，他们功不可没。

约翰·D. 洛克菲勒

1909 年 3 月

目 录

Contents

每个人都是自己命运的设计者与建筑者。

——约翰 · D. 洛克菲勒

第一章

JOHN DAVISON ROCKEFELLER

故知老友

即使输了，唯一该去做的是如何输得光明磊落。

阿基勃德

这里记录的都是一些个人的零碎的记忆，难免有些啰唆，还请大家谅解。

我的一生，大部分时间都是与老同事在一起度过的，因此，脑海中最活跃的记忆便是与他们相处的场景。那些早期的朋友对我并不是不重要，在此没有提及，只是想在后面的章节具体去谈。

如果让我们谈谈与某位老朋友第一次见面时的情形，或说说对他的第一印象，我们往往说不清楚，但是第一次见到标准石油公司现任副总裁约翰 · D. 阿基勃德先生（John D. Archbold）的情景，直到今天还历历在目。

35 或 40 年前，我到全国各地考察，与生产商、炼油厂、代理商等交流，开始了解并逐渐熟悉石油行业。正是在那个时候我见到了阿基勃德先生。

一天，我去油田附近参加一个聚会，到达时，发现石油行业人士已经齐聚一堂。我去签到处签到时看到签到簿上有一个醒目的签名：约翰 · D. 阿基勃德，每桶 4 美元。

这个年轻人真是富有个性、朝气蓬勃，在签名本上还不忘打广告：每桶 4 美元。他对石油业的坚定信念彰显无疑，谁还会怀疑呢？“每桶四美元”，这个价格高得令人震惊，实在有点恐怖，当时的原油价格比这个数目低多了，不过这个口号很有效，吸引了很多人的注意。阿基勃德先生一直保持着这种热情、活力和坚定的信念，尽管他最后不得不承认，原油的价格远远达不到每桶 4 美元。

他很幽默，这种素质似乎与生俱来。有一次出庭做证时，对方律师问他："阿基勃德先生，你是公司的董事吗？"

"是的。"阿基勃德先生肯定地回答。

"在公司你担任什么职务？"

"赚取分红！"他脱口而出。那位博学多闻的律师的关注点很快被他的这一回答导向了别的问题上了。

他的工作能力一直很强，这令我惊叹不已。现在的他工作很繁忙，要处理很多重要的事情，我则远离了喧嚣的商界，过上了田园生活，每天打打高尔夫球、种种树，即便如此，我依然觉得时间不够用。因此我见到他的次数就少之又少了。

一提起阿基勃德先生，就不由得会想起标准石油公司，能与那么多能力卓越的人共事，得到他们的信任与帮助，我感到无比荣幸。现在他们都成为公司中相当重要的人物了，公司能够不断发展壮大，取得今天的成就，正是因为公司拥有这群优秀的人才。

我的大部分同事都是好多年前结交的，现在年纪都很大了，我差不多不到一个月（有时甚至感觉不到一个礼拜）就会听到某个同事去世的消息。我的老同事已经去世 60 多位了，这是我最近计算的结果。这些朋友都忠诚而真挚，我们曾一起经历挫折的考验，一起克服无数个困难；我们曾一起讨论、争辩、磋商，直到达成一致。我一直很欣慰，因为我与我的同事们一直肝胆相照，患难与共。商业伙伴不就应该这样吗？否则怎么可能取得这么大的成功呢?

这是一群有着坚强意志、坚定立场的人，要与他们达成共识可不那么容易。我们之所以能够达成共识，是因为我们始终本着耐心倾听、开诚布公的原则，将每一个细节都公开讨论、研究，尽可能详细地了解彼此的看法。大公司总是只顾着一味地扩张，所以需要一些保守人士。如果一个成功者失败了，就会失去更多，所以成功者往往都很保守，我的合作伙伴也不例外，他们中的大部分人都比较保守。不过，也有一部分年轻同事很有野心，具有冒险精神。虽然他们的支持者不多，但他们有胆有识、敢担当，着实令人佩服。他们有着远大的理想，而且执行力超强。他们责任感强，无论面对多大的工作压力都毫不在乎。有一次保守派与激进派进行了一次激烈的争论，当时的情形令我终生难忘。不管怎样，我是属于激进派的。

争执与资金

有一个已经资产庞大并且事业扶摇直上的合作伙伴，对企业改进计划持反对态度，而且态度强硬。这个改进方案将耗资约 300 万美元，可谓数额庞大。不过这个方案对我们非常有利，不仅可以让我们获取丰厚的利润，而且能够让我们始终保持领先地位。这是经过多次的讨论，分析了所有利弊，并运用能够想到的所有论据而得到的结论。可是这位合作伙伴始终坚持自己的意见，丝毫不愿松口赞成。他那固执的模样不由得让我想到一个场景：他笔挺地站在那里，双手插在裤子口袋里，高昂着头，大声地喊着："不行！"

如果一个人完全置现实条件而不顾，只是固执地坚持自己的观点，事情就比较难办了。这位合作伙伴就是这样，思维僵化，冷静的判断力消失殆尽，只剩下了固执的态度。这个方案对企业的发展极其有利，对此我前面已经说过。虽然我们决心说服他，但我们不能跟合作伙伴闹僵。于是我们问他："你觉得这些钱我们没必要花？"我们试图通过别的方式让他屈服。

他回答："对，花这么一大笔钱要等到很多年后才可能得到收益。现在完全没必要建设新的设施，工厂发展得挺好，保持现状就可以了。"

大家都知道，我们的这位合作伙伴不仅见多识广、经验丰富，而且比我们任何人都了解这个行业。但是，对这个方案，我们势在必行，如果他不同意，我们就等着他。过了一会儿，我们看气氛渐渐缓和下来，就又提出那个方案。这一次，我已经想出了说服他的新办法。

我对他说："由我自己出资，承担风险，怎么样？一旦这笔资金获得了收益，公司就将资金还给我。要是亏了，我自己来承担损失。"

听我这样说，他动摇了，态度不再那么强硬。"你既然这么说了，还是我们一起承担风险吧。这个风险，你能承担，我觉得我也能。"就这样，事情解决了。

企业该朝哪个方向发展？如何发展？我觉得这是任何企业

都会面临的问题。当时，我们的企业发展势头很猛，扩充得很快，不断地有新的突发事件发生，我们时刻面临着挑战。新的油田一经发现，用于储存原油的油罐必须马上制造出来；旧油田日益干涸，那里建设完好的一整套设备就必须丢弃，而且还要在新油田附近建造新的工厂，以承担储存和运输工作，我们必将面临双重压力。石油贸易之所以成为风险行业正是因为此。作为一个企业，是否能够有效处理风险、抓住机遇，是一个非常重要的原则，关乎着企业的成败，幸好我们有这样一支勇于冒险、勇敢无畏的团队。

对这些难题，我们一次次地进行商讨。有些人希望以稳求进，有些人则显得迫不及待，想立刻注入大笔资金。这个过程中就得你退一步，我让一步，相互协商。我们将每一个问题都摆到桌面上逐个分析解决，既不像保守派所希望的那样小心翼翼，也不像激进派所喜欢的那样急躁冒进，经过磋商，最后双方的意见都能达成一致。

成功令人愉悦

我始终将我的一个合作伙伴作为学习的典范，他叫亨利·莫里森·弗莱格勒，是我最早的合作伙伴之一。他乐观向上，积极主动，勇于挑战，什么样的大项目他都想尝试一下，从某种程度上讲，正是由于他那令人叹服的干劲，公司早期才能发展得如此迅速。

他已经取得了很大的成就，如果换成别人，或许都希望退休安享晚年，可是他却仍然在努力奋斗着，直到生命的终点。佛罗里达州东海岸铁路是他独自承建的。他不仅策划了从圣·奥古斯丁至基韦斯特的铁路——铁路全长600多公里，对任何人而言，都可以说登上了事业的顶峰，但他对此却不满足——为了吸引游客到这个新开发的国家旅游，还建立了一系列的豪华酒店。他运筹帷幄，一切尽在掌控之中，取得了令世人瞩目的成就，这一点十分可贵。

他干劲十足，并斥以巨资，大片国土上的经济在他的推动下发展起来。产品交易市场上，不仅有本地的居民，还有新来的移民，无数人因为他而得到了就业的机会。他还有一个更为重要的成就，那就是多年前计划的，穿越大西洋，从佛罗里达群岛至基韦斯特的铁路由他承建并完成，这可是一项宏伟的工程。

大多数人认为，像他那样达到事业的巅峰后都应该选择退休，尽情享受自己的劳动果实，而他则在功成名就之后仍然努力做成了这些事情。

弗莱格勒先生年轻的时候曾是克拉克—洛克菲勒公司的代理商，我就是在那个时候认识他的。一见他，我就深深地记住了这个朝气蓬勃、热情积极的年轻人。他曾作为一名代销商与克拉克先生在同一栋楼里工作，当时我们正向石油行业发展。当时克拉克—洛克菲勒公司已经由克拉克先生掌管。没过多长时间，克拉克的股份就被他收购了，后来公司也被他并购。

如此一来，我们的接触就多了起来，关系也由生意伙伴逐渐发展为挚友。因为生活在克利夫兰这种小地方，人们之间的关系要比生活在纽约这种地方紧密得多。弗莱格勒先生加入我们是在石油贸易不断发展的时候，那时我们亟须更多的支持和帮助，我一下子想到了他。我真诚地邀请他加入我们的行列，他欣然同意了，我们的友谊孔也由此开始，并持续了一生。我们的友谊是建立在商业合作基础上的。“与建立在友谊基础上的商业合作相比，这种关系要牢固得多。”弗莱格勒曾这样说。他说的是对的，我后来所经历的事情证实了这一点。

我们在一个办公室上班，在同一条街——欧几里得大街住，两家相距仅几步远；我们一起上班，一起回家吃午餐，然后再一起回到办公室，晚上又一起回家；我们边走边谈，一起思考，一起做计划……我们共同努力，同甘共苦，一起走过好几个春夏秋冬。在起草合同方面，弗莱格勒有着超强的能力，所以合同几乎都是他起草的，他对每一份合同的目的和意图都能够准确而清晰地表达，对签约双方的公平公正给予充分保证。我记得他时常这样说：“无论是签约还是做事，都要用同一标准来考虑双方的权益。”他是这样说的，也是这样做的。

不过有一次弗莱格勒先生却做了一件令我惊诧不已的事情：他一个问题也没问就签订了一份合同。那次我们想建一个炼油厂，便决定购买一块属于我们熟悉的一位朋友约翰·欧文的地。欧文先生将土地买卖合同随意地写在了一个马尼拉信封的背面。合同中，除了有一个地方写了“南面以毛蕊花秆处为分界线”之类的话外，其余条款与其他合同没什么两样。

我认为“南面以毛蕊花秆处为分界线”这个说法太含糊，可是弗莱格勒先生却说：“约翰，我接受这份合同。不过是为了使这份文件更加准确、完整，我认为应该将毛蕊花秆处变为合适的标桩处。”的确如此，我认为他完全可以成为部分律师的老师，指导他们起草合同，他们肯定能学到很多东西。可能我这样说，法律界的朋友或许会认为我偏心，所以我并不强迫大家同意我的看法。

弗莱格勒先生还有一件事令我佩服不已。在公司发展的初期，很多人都担心石油会消失，害怕将钱花在建筑炼油厂上会造成浪费，所以炼油厂通常建得比较轻薄、简陋，一般都用价格低廉、质量比较差的原材料建成。而弗莱格勒则不这样认为，他坚决要求不能这样敷衍了事。他一直认为，既然要从事这个行业，就必须对它有充分的了解，尽管要承担这项风险，也要尽最大努力将它做好，所以无论什么设备都要牢固、结实。仿佛在他看来，石油行业必将长盛不衰，所以他坚决要求建造高标准炼油厂。他对这一信念的坚守，为公司后来的发展打下了无比牢固的基础。

弗莱格勒先生年轻的时候就是这么乐观，这么诚恳，这么聪慧，现在仍健在的人每每想起这个年轻人，都会由衷地称赞他。在克利夫兰收购一些炼油厂的时候，他非常积极。一天，他在大街上无意间碰到了一位曾经是面包师的德国老朋友，弗莱格勒先生在几年前曾向他卖过面粉。这位朋友告诉弗莱格勒先生，他现在转行经营了一个小炼油厂，不做面包生意了。弗莱格勒先生大吃一惊，他认为朋友建炼油厂肯定不会成功，不赞成朋友将资金投在那里。刚开始的时候，他一直惦记着这件事，虽然觉得自己好像也帮不上什么忙。他为此很忧心，最后他找到我，对我说："那个面包师根本不懂得如何炼石油，他只会烤面包。尽管如此，我还是想邀请他加盟，要不然我会良心不安的。"

我没有理由拒绝他的请求。他跟那位朋友沟通之后，他的朋友希望我们先派人对他的炼油厂进行估价，然后他再出售。这不是什么难事，但是当我们派人给他估价时，又出现了新的难题，让人始料不及。那位面包师对我们的出价没有异议，不过，他对应该收取现金还是换取同等票面价值的标准石油证券，拿不定主意，他非让弗莱格勒先生给他提个建议。他说："我如果收取现金，我就不用那么烦恼了，因为这些现金可以还清我所有债务。如果换取证券，我将会获得不错的分红，这是长远利益，我想尝试一下。"他的问题让弗莱格勒先生陷入两难。弗莱格勒先生开始时不愿发表个人意见，可是这个面包师极为固执，非让弗莱格勒先生说一下自己的看法不可，这本不是他的责任，可是他却无法逃避。最后，弗莱格勒先生只得说出自己的想法，建议他一半换购证券，另一半收取现金去还债。面包师听从了他的建议，在后来的日子里逐渐购买了更多的证券，这一次弗莱格勒先生给出的建议又是正确的。从这件事情上完全可以看出弗莱格勒先生的为人，因为他在这件事情上花费了很多时间和精力，甚至比他在处理其他大事上所花的时间和精力还要多。

友谊价更高

讲述这些老人们的故事或许吸引不了年轻的读者，但它还是有着一定的意义。故事虽然有些枯燥，但它可以让年轻人明白，不管你处于哪个人生阶段，友谊都有着不可估量的价值。

朋友分很多种，但对任何朋友都应该保持联系，不论亲疏。当你年迈之时，你会更为深刻地体会到，不管是哪种类型的朋友，他们在你的生命中都占有相当重要的地位。然而当我们需要帮助的时候，有些朋友总是无法提供帮助，这也是朋友之一。

他可能会说："我与合作伙伴签了合同，规定不能借钱给别人，所以我不能把钱借给你。"

他也许会说："我现在的确有困难，虽然我很想帮助你。"

……

总之，这种理由很多。

我说这些并不是要责问这种友谊。或许他们的确没有足够的能力去帮忙，或许他们就是这种性格。但我的大多数朋友都很讲义气，很少有这种人。我的朋友 S. V. 哈克内斯就是一个能为朋友两肋插刀的人，刚认识时就非常信任我。

有一次，我们遭遇了一场大火，短短的几个小时，石油仓库和炼油厂都化为灰烬，一切毁于一旦。本来保险公司可以赔偿我们几十万美元，可是索赔过程可能会耗费太多的时间，而我们需要马上把工厂重新建立起来，根本耗不起，所以我们最迫切需要解决的问题就是资金问题。这时我想到了哈克内斯先生，因为他对我们的生意一直很感兴趣。我找到他说："我也许会向你借一些钱。现在先跟你说一声，尽管我不知道最后是不是需要。"

"没问题，约翰，我会尽力向你提供帮助。"他没有让我向他解释什么就爽快地答应了。

得到他的允诺，我的心轻松起来，烦恼顿时跑得无影无踪。没过多久，利物浦伦敦环球保险公司就对我们进行了理赔，赔偿了我们全部的损失。最后我们没有向哈克内斯先生借钱，不过他能在危难时刻答应帮助我们，这对我的精神是一种无形的安慰，令我终生难忘。

拥有这么多真诚的朋友，是我这一生最幸运的事情。

公司在创业初期发展极为迅速，需要的资金自然很多。尽管银行向我提供贷款向来很慷慨，但这场大火给我以警告，突发状况随时都有可能发生，为此我们应该储备大量的资金以备不时之需。

俗话说：患难见真情！这段时间发生的另一件事情又一次验证了这一至理名言。只是了解这件事的详细过程，是在很多年之后了。

我的一个朋友斯蒂尔曼·维特先生是一家银行的董事，我们过去跟那家银行有很多业务往来。

有一次开会，我们的贷款问题被董事会提出来商讨，很多人对这项贷款持怀疑态度。为了打消他人的怀疑，斯蒂尔曼·维特将他的保险柜带进了会议室，并说："诸位，我认为我们银行应该果断地向这些年轻人提供贷款，只要他们需要就不要犹豫，因为他们有着良好的信誉。你们要是有顾虑，我可以拿我的保险箱作为担保！”

那个时候我们的石油通常是经水路运输的，这样可以节省运输费用，为此，我们借了很多钱。其中大部分钱是向另一家银行借的，银行行长告诉我，这件事董事会已经插手了，可能需要与我见面，谈一谈我们的贷款额度以及信誉问题。我对他说，我们正想申请更多的贷款呢，所以我可以与他们董事会见面，对此我感到很荣幸。当然，最后我们申请到了贷款，不过我并没有收到面谈的邀约。

我好像过多地谈到了银行、金钱和生意。将大把的时间花在为挣钱而挣钱上，这是一件很羞耻、很可悲的事情，我是这样认为的。跟风趣、智慧的人交往是一大快事，倘若我年轻四十岁的话，我很想再回到商界中奋斗。不过，我更想利用剩余的时间去完成那些令人振奋的计划，因为我还有很多别的兴趣爱好需要发展。

我 16 岁开始工作，55 岁退出喧嚣的商界，整整工作了 40 年，不过，因为我有一支强大而精干的团队帮我分担重任，所以我仍然有充足的假期去享受美好的生活。

我对细节极为重视。刚开始工作时我担任的职务是簿记员，不管那些数据多么细微，我都相当认真。所以，那个时候，只要涉及会计方面的工作，都会让我去完成。可是我对细节的过分追求却成了我后来必须尽力克服的缺点。

我在纽约的波肯提克山庄住了很多年，那里有我一栋旧房子。那里风景秀丽，令人着迷，我和家人在那里过着简单而平静的生活。恐怕会有人认为我是一个懒散的人，因为当时我本应该全身心地投入到事业之中，可是我却在那里研究如画的风景和树林，以及哈德林河优美的景观。

从我自身的“懒散”，我联想起我的一个老朋友，他是克利夫兰人，他工作起来废寝忘食、一丝不苟，真可谓鞠躬尽瘁。我有一个特殊的爱好，有些人将它叫作园林设计，可是我认为这只是设计林中小径之类的，有一次我跟他说起这个事情，而他一点也不感兴趣，反而觉得微不足道、无聊至极。他觉得一个商人不应该在这种愚蠢的事情上浪费宝贵的时间，我们交往 35 年，他对我的这一爱好一直持否定态度。

有一年春天，我在花园里设计并铺设了一条林中小路，一天下午我邀请他前来参观。在那个时候，我的这个提议或许非常不恰当，尤其对于一个商人而言。尽管我特意声明要热情地款待他，但他还是拒绝了：“约翰，对不起，下午我还要去办一件特别重要的事情，所以去不了。”

我仍不死心，继续劝说：“哦，可是那些小路真的很别致，还有两旁的大树和……相信你看到后一定会感到无比开心的……”

“约翰，我要等一条矿砂船，今天下午它就到。你就继续说你的树木和小路吧！”他搓着手，显得无比喜悦，“我要看着它开进来，我不想错过这个情景，就算不去观赏基督教界所有的林间小径也不后悔。”当时他正在向贝西默钢轨合伙公司提供矿砂，每吨的价格是 120 ~ 130 美元。他觉得，工厂因为等矿砂哪怕停工 1 分钟，就仿佛失去了一生的财富。

因此，他常常神情紧张地向湖中张望，希望看到矿砂船徐徐开来。有一天，一位朋友问他："你能看到船吗？"

他摇了摇头，但仍心有不甘，说："不过它无时无刻不在我的眼前。"

在克利夫兰，矿砂业极具吸引力。50 年前，矿砂的价格是每吨 4 美元，我的老雇主按此价从马凯特地区购进，多年之后，它的价格则是每吨 80 美分，我这个园林设计者正大量购进，并获得丰厚的利润。对于我在矿砂业的发展经历，我会在后面的章节中叙述，在此我想谈谈我的爱好——园林设计，我对它悉心研究了 30 多年。

设计景观路，其乐无穷

很多人，包括一些老朋友，听我自称业余园林设计师时，都相当诧异。我们想在波肯提克山庄建新房子，可是究竟建在哪里，家人意见不一。为了解决这个问题，家人聘请了一位专业的园林设计师，以防止家中的风景被我破坏。我对这里研究过无数次，所以熟悉这里的一草一木，对每一寸土地、每一片风景都了然于胸，每一颗参天大树都是我的朋友，这是我的优势。我很想参加设计工作，于是便向这位园艺师提出了请求，此时他已经拟好了设计方案，并画好了草图。

没用几天，我的设计图也画好了，我认为我的设计是最佳方案，我设计出的道路恰好能将上山路上的最美风景尽收眼底，路的尽头层峦叠嶂、河流徜徉、白云飘浮，自然风光与山庄风景交相辉映，美不胜收。

我对那位园艺师说："请您认真考虑一下，哪个方案更佳。"经过一番权衡，园艺师认为我的规划可以尽展山庄美景，就接受了我的方案，还同意了我选择的建房位置。这让我感到十分骄傲。空闲时间我究竟设计了多少景观？对此我本人也不清楚，我只知道我为此呕心沥血，经常思考到深夜。要设计路径，就必须对路况进行实地考察，为此我时常等到天黑，直到无法看清小标桩和标记的时候才往家走。我谈的这些颇有几分自我吹嘘的嫌疑，但是，由于大部分文字说的都是商界的事情，说点这方面的事情也许可以给本书增加一点趣味性。

我的经营方式与当时其他一些优秀的商人有所不同，这让我更加自由。除了必须参加一些活动外，我大部分时间都待在克利夫兰的家中，哪怕标准石油公司将业务转移到纽约之后也是这样。我喜欢设计景观路，对培植小树苗也充满兴趣，为了给自己的爱好留出充足的时间，我经常通过电报来处理公司事务。

在我看来，我的小苗圃是我经营的所有项目中获利最多的一项。前段时间，我翻阅保留下来的苗圃账本时，发现从威斯特郡迁移到新泽西州雷克伍德的幼苗生长几年后已经大幅度升值了，这让我很吃惊。我们种植的幼树有成百上千棵，大多数是常绿树。其实，我觉得为了今后的种植计划，我们的树可以达到上万棵。

我们经常将幼树从波肯提克山庄迁移到木湖市的家里，如果将这一行为作为一桩生意的话，在波肯提克山庄，每株市场价是5或10美分，而在木湖市的市场价则是每株1.5或2美元，这样算来，我们就可以赚取不少利润。

在种植业中，投资巨大的话，其优势就容易显现出来，这一点与其他行业没什么不同。我对种植或移植大树特别感兴趣，每成功移植一棵，都会感到无比的快乐和满足。我所说的大树指的是直径在10至20英寸的树，或者更大的树。假如你学会了如何与树木相处，这些树木就会听你使唤，我们购买了挖掘机，和工人一起工作，感到很快乐。我们移植的很多树，大多都不是幼树了，有的高达70或80英尺，有的高达90英尺。有些树，连专家都认为不能移植成功，可是我们也试着去移植，移植七叶树可以算得上是我们最大胆的尝试了。我们将这些大树进行远距离的运输，有的树都开花了，我们也敢进行移植。每棵树都要花费20美元的运输费，不过大部分移植都能成功。后来我们越来越大胆了，甚至尝试着移植不合季节的植物，不过效果不错，我们很满意。

从开始学习的时候起，我们尝试着移植了数百棵应季、不应季的植物，类型不一，效果不错，仅有10%的损失，确切地说接近6%或7%。按季节计算，移植失败率大约是3%。人生短暂，人们都希望立即看到树木成材，可是有些大树的生长期可能会延迟两年，这是人们不愿意看到的，不过这不是什么难题，现代的挖树机可以帮人们实现梦想。为了达到理想的效果，我们曾将大丛的云杉分类、排列，有时整片山坡都种上了云杉。我们还没有成功移植过橡树，除非在它们小的时候。我们从来不会在橡树和山胡桃树即将成熟的时候进行移植。不过我们曾成功移植过椴木，甚至连续三次都取得不错的效果。桦树移植起来有点麻烦，但差不多所有常绿树都可以成功地移植，除了西洋杉。

很早以前我就对园林规划产生了深厚的兴趣。很小的时候，我家餐厅窗外有一棵大树，我认为它挡住了窗外的美景，就想把它砍掉。对我的这一想法，除了我的母亲，没有一个人同意。母亲曾这样对我说：“宝贝，我们在 8 点钟吃早餐的时候如果能看到被挡住的美丽风景，就不会再抱怨了，所以我们必须在早餐之前将它砍倒。”

我很快按照妈妈所说的那样做了。

第二章

JOHN DAVISON ROCKEFELLER

财富的获得是一门艺术

我有做富翁的义务，没有做穷人的权利。

家庭教育

我的父亲曾在不同的企业里工作过，他时常将他工作中发生的事情讲给我听，并分析它们的意义，教我做生意的原则和技巧，我很感激他。直到今天我还保留着我小时候的一个小本子，我叫它“记账本 A”，里面记录着我的收入和开支情况，以及定期捐出的小额款项。

在中等家庭，家庭事务通常由全家人共同处理，不像富有家庭，什么事情都由用人代劳，所以与富有人家相比，中等家庭的生活通常更加和谐。我很幸运，恰好出生于中等家庭。七八岁的时候，妈妈帮助我做成了一笔生意，这是我人生的第一次创业。我饲养了一群火鸡，用的是妈妈给的一些牛奶凝乳。火鸡全部由我自己喂养，喂大后，我就将它们拿去卖了。因为不需要支出什么，所以收到的全是利润，我认认真真地将它们全部记录在我的记账本上，写得一清二楚。

从事这种小买卖，我觉得很快乐。时至今日，那群火鸡在小溪边优雅散步的样子、安静地穿过丛林的样子以及谨慎地溜回自己小窝的模样仍会不时地浮现在我的脑海。我喜欢火鸡，一有机会就会观察、研究它们，这个习惯一直保持到现在。

在教育我们方面，母亲向来很严厉，我们只要有变坏的倾向，就会挨她的桦树条鞭打。有一次，我在学校惹了祸，回到家就受到了妈妈的惩治。其实那次我是冤枉的，不过挨完打后我才明白过来。

母亲对我说："没事的，这次已经打了，下次你犯了错就用这顿打来抵消吧。"母亲大部分时候还是相当公正的。一天晚上，我们几个男孩子禁不住诱惑，偷偷跑出去溜冰，这是不允许的，大人们曾三令五申禁止我们外出溜冰。我们还没开溜，就听到了呼救声，走近一看，原来是一个邻居掉进了冰窟窿里。我们迅速找来一根长杆，伸到冰下，将他拉了上来。他的家人对我们说了很多感激的话。我们都认为，虽然违背了禁令，可是却做了一件好事。尽管并不是每一次偷跑出去溜冰都能救人一命，但我们认为我们完全可以将功补过，显然我们的想法是错误的，后来的事实充分证明了这一点。

踏入社会

家人本来想着我中学毕业后就送我去念大学，后来却觉得先让我去克利夫兰的商业学校学习一段时间比较好，于是16岁那年，我去了商业学校，学习簿记和一些商业贸易的基本原则。我在那里学到了不少东西，虽然只学习了几个月。但是工作的问题还得解决，怎样找到工作呢？我在大街上转悠了几个星期，不停地向商人和店主介绍、推荐自己，说得口干舌燥，却一无所获。没有人愿意雇用童工，有些人根本不愿听我说，就不耐烦地把我打发走了。功夫不负有心人，后来克利夫兰码头的一个人让我午饭后到他那里谈谈，我非常高兴，终于要找到工作了。

当时我紧张极了，唯恐失去这个来之不易的工作机会。终于等到时间差不多了，我赶紧来到那个人的公司。

他听了我的自我介绍后，说：“你可以在我们公司工作。”他没向我提及薪酬的问题，但我还是兴高采烈地上岗了。我清楚地记得，那一天是 1855 年 9 月 26 日，那家公司叫赫维特—塔特尔公司。

前文中我已经说过，父亲曾对我进行过培训，这对我的工作很有帮助，我在商业学校也学到了很多商业知识，这些都为我的工作打下了一定的基础，让我在工作上具备了一定的优势。而且带我的是一位非常出色的簿记员，我感到非常幸运。这位前辈工作勤奋，对我要求严格但不冷漠，跟着他，我学到了更多的知识，成长得很快。

很快三个月过去了，1856 年，塔特尔先生支付我 50 美元的薪水，这是我三个月的劳动所得，我很满足。

第二年，我的工作仍然是学习公司的业务细节和一些文书，进入公司后我一直在做这些，不过月薪变成了 25 美元。代理农产品批发和运输是我们公司的主要业务，而我在财务部门，负责做账。我的上司薪水很高，还有公司分红，一年能拿 2 000 美元，他是公司的总簿记员。第一年年底，我在总簿记员离开公司的时候接替了他的工作，年薪是 500 美元。

这段学徒生活，对我后来的事业发展产生了深远的影响，一想起那段日子我就感慨万千。

我每天在公司里上班，经常能够听到他们讨论问题、制订计划、做出决策。正因如此，与同龄孩子相比，我有了更多的优势。这是我最大的幸运，同龄孩子或许反应比我灵敏，计算和写作也比我强，但他们没有我这样的好运气。公司业务众多，经营范围广泛，相应地，我受到的磨炼、学到的东西也就很多。

公司出租了一些住宅区、仓库和办公楼等，租金由我负责收取。因为货物要经由铁路、运河和湖泊来运输，所以公司经常要进行各种各样的谈判和交易，而我则负责各种谈判和交易的跟进工作。

我那个时候的工作要比现在的办公人员有意思多了。工作给我带来了无穷的乐趣，我很享受这种快乐。我恪尽职守，一丝不苟地履行着自己的职责，随着时间的流逝，我逐渐掌管了所有的账目审计。

有一天，我在邻居的公司里碰到当地的一位铅管工来收账。我的这位邻居似乎拥有无法计数的公司，业务非常繁忙。他只是往账单上瞄了一眼，就让簿记员把钱付给对方。

这位铅管工也为我们公司工作。我做事绝不像我那位邻居一样随便，每次收账我都会认真检查他的账单，对每一项收费都认真核对，哪怕是一分钱也要替公司省下来。我觉得，这些账单将使老板的钱流入别人的口袋，我必须认真核对才行，必须比花自己的钱还要谨慎十分。我相信现在很多年轻人跟我的想法一样。做生意如果像我邻居那样，我敢肯定是不会成功的。

我在从事整理账单、收租金、计算索赔金额等工作中接触到形形色色的人。我认为学会如何和不同的人交往，并协调好他们与公司的关系相当重要，我必须学会这门学问。谈判是公司的一项重要工作，为了使结果更加圆满，我尽最大努力去学习谈判技巧。

举个例子，我们公司时常购买一些大理石，这些大理石通常通过铁路、运河、湖泊三种方式从佛蒙特州运到克利夫兰。货物在运输过程中免不了会产生损耗和误差，而这个货损货差必须由三个承运人按事先约定好的责任大小来共同承担。这个责任问题必须处理好，要让相关各方，包括我的老板都满意。这对于一个年仅 17 岁的男孩来说的确不太容易，但是我却做得很轻松。在我的记忆中，和承运人之间从来没有发生过纠纷。我在这个易受外界影响的年龄段，在处理事务时每每遇到紧急情况都可以向前辈请教。这些经历于我而言是一笔宝贵的财富。我正是由此开始接触到谈判艺术，对此我将在后面章节中详细讲述。

我工作勤勉尽责，一丝不苟，同时自己的能力也得到了锻炼，使我受益颇丰。当时我的薪水与现在不可同日而语，翻一番也比不上现在同等职位的人的薪水。到了第二年，我认为我本应拿到 800 美元的薪水，可是公司才给我支付 700 美元。因为此事，在 4 月份时我与公司发生了争执，我就辞了职，而当时恰好有一个不错的机会，可以让我自己去做生意。

那时，克利夫兰的所有人差不多都相互认识。有一个年轻人想开家公司，正在寻找合伙人，他的名字叫 M. B. 克拉克，看上去比我年长十来岁。他将出资 2 000 美元，希望合伙人也出相同的钱。我觉得这是一个好机会，我手上已经有七八百美元了，怎样筹到剩余的钱呢？这还是个问题。

我将此事告诉了父亲，父亲说，如果我现在要用钱，他可以给我，他原本打算在每个孩子年满 21 岁时都给 1 000 美元，现在可以提前预支给我。不过，他又告诉我，在我 21 岁之前我必须付利息，他还加了一句，“约翰，你必须按 10% 的利率向我支付利息。”

在当时，这是很正常的，这种贷款一般都是 10% 的年利率。或许银行的利率会低一些，可是金融机构不可能满足所有需求，于是私人贷款就这样应运而生。我欣然接受了父亲的条件，因为我太需要这笔钱入伙了，就这样我成了新公司的股东，我们给公司起名克拉克—洛克菲勒公司。

我是一家拥有 4 000 美元资金的公司的合伙人了，这让我很骄傲、很满足，做老板的感觉令我很满意。我和克拉克先生分工合作，采购和销售归他负责，融资和记账由我负责。我们公司的业务主要是货物运输，生意很快步入正轨并红火起来。于是我们想拓展业务，这无疑需要投入更多的资金，从哪里筹集到资金呢？我能想到的最好的办法就是向银行贷款。可是银行愿意将钱借给我们吗？

首次向银行借贷

我首先想到了一位有过交情的银行行长，他叫 T. P. 汉迪，认识他的人都知道他脾气好，待人温和，是一位绅士，并帮助过很多年轻人。他在我上学的时候就认识我了。

我特别想得到那笔贷款，也希望跟这位老行长长期而友好地合作下去。我找到他，将我们公司的具体情况、业务内容和资金的用途等向他做了详细的讲述，然后便等待着他的判决，我清楚地记得当时等待的心情，是那么忐忑、惶恐，又那么充满期待。

他很爽快，开口就问我需要多少钱。我说："我们想借2 000美元。"

他回答："可以，洛克菲勒先生，我们可以借给你，你们只要将仓库的收据交给我就可以了。"

我激动地离开银行，喜悦之情无以言表。一想到银行借了2 000 美元给我，我就感到无比自豪，觉得自己是圈子里一个相当重要的人物了，往回走的路上，我将头仰得高高的。

从那之后，我与汉迪先生就成了好朋友，并保持了很多年。当我需要资金时，他将钱借给我，可是对我来说，没有一天不需要资金的，我需要他全部的资金。后来，出于对他的感激，我建议他投资，买一些标准石油公司的股票。他说他没有足够的钱，否则早就买了。我说："我可以借钱给你。"后来，他不仅收回了本金，还得到了相当不错的收益。他一直很相信我，这么多年从来没改变过，这让我感到无比荣幸。

商业原则不可违

汉迪先生对我们非常信任，因为他认为我们肯定会稳健而恰当地管理公司。在当时的商界，坚持原则是相当不容易的，哪怕你认为该原则是正确的。当时公司刚成立没多长时间，货运量最多的客户理所当然被我们视为最重要的客户，一个这样的客户向我们提出拿到提货单之前能否先放货给他的要求。为了不失去这个重要的客户，我们很想满足他的要求，但身为公司的财务人员，我还是拒绝了他，虽然心里颇有几分忐忑。

事情显然有点严重，合伙人不明白我为什么要那样做，他显然很不耐烦。为了化解这一矛盾，我决定亲自出马，去拜访那位客户。与陌生人交往，我总是很幸运，能够很快赢得他们的友谊，合伙人的不悦也激励着我破釜沉舟，寻求出路。我觉得自己有能力说服这位客户，使其明白，他的要求将带来严重的后果。我多次在脑海中过滤着我的说辞，发现我的论述极具逻辑性，完全可以让他信服。我见到他，向他陈说了我精心准备的论点论据，可是他很生气，对我的观点丝毫不愿接受。我失败了，羞愧至极，只得向我的合伙人承认自己的失败，我的目的显然没有达到。

对货主提出的无理要求，我始终认为要坚持原则，不能答应，可是我的合伙人很担心失去最重要的客户。不过事情并没我们想象的那样糟糕，那位客户继续和我们保持着业务合作，仿佛什么事情也没发生过，这让我们既惊讶又感动。后来我才知道，这位客户在诺沃克有一位银行家朋友，叫约翰·加德纳。我们的这件事虽然很小，但加德纳始终在关注着，我认为，这位客户是在加德纳的授意下用这种方法来考验我们，看看我们是否能够坚持商业原则，直到现在我还这样认为。这件事为我们带来了许多商机，因为我们公司一直都能坚守商业原则。

也就是从那时起我开始自己出去寻找商机，开拓市场，以前从来没有这样做过。在附近，只要是与我们所从事的业务有一点联系的人，我差不多都拜访了，后来俄亥俄州和印第安纳州也被我踏遍了。开拓市场不可急于推销自己的业务，而要先将自己的公司简单地介绍给他人，这是我一直以来的看法。我总是这样对他们说，克拉克—洛克菲勒公司是经营产品贸易的，我丝毫没有打扰他们目前经营方式的意思，不过，要是有机会合作，我们会竭尽全力为他们提供服务，等等。

我们很快就接到了很多生意，似乎有点应对不过来的感觉，这确实让人兴奋不已。第一年年底，经过核算，我们销售了 50 万美元的货物。

在接下来的很多年里，为了维持和拓展业务，我们都需要不断地投入资金。我们取得了一个又一个成功，尽管如此，每天晚上睡觉前我都会告诫自己："不要因眼前的小成功而得意，很快你就会摔跟头，失败或许就在不远处。现在你就认为自己很了不起了吗？这才刚刚开始。千万不要高兴得昏了头，要谨慎，一步一个脚印地向前走。"这是我对自己的警示与提醒，对我影响至深。我时常这样警示自己，不可忘乎所以，眼前取得的成功有可能会一闪而逝。

我的部分资金是向父亲借的，数目不算小，现在回忆起我们的这种金钱关系，觉得很有意思，可是在当时我感到很有压力。父亲时不时会对我说，如果生意上要用钱，可以向他借。资金对我来说一直很紧缺，所以我对父亲充满了感激，尽管我要支付 10% 的利息。可是有时候我正缺钱，父亲却偏偏让我还钱给他。每当这个时候，我都会说："好的，我会很快还给你。"父亲并非真的需要用钱，我将钱还给他，他只是暂时存起来，过段时间再借给我。他催我还钱就是想考验我，看我是否能承受住压力，是不是有足够的经济能力。对于他的这种考验，我一点也不喜欢，尽管它可能对我有所帮助。然而，我始终没向他提过自己的这个想法。

10% 的利率

早年，借款的利率问题是人们时常谈论的话题，一想到向父亲借款这件事，我就会想起当年的讨论。很多人认为向借款人收取高额的利息是一种卑劣的行为，所以他们对 10% 的利率持反对态度。我则不这样认为，在我看来，假如借款得不到更高的利益，谁也不会支付 10%、5% 或 8% 的利息；如果贷款能带来更高的收益，那么这样的利率也是值得的。对于利率的高低我从来没有质疑过，因为我一直需要钱。

我曾就这个问题与人讨论过很多次，记得最清楚的就是与房东太太的讨论，我们的讨论非常激烈。那是一个能干而健谈的女人，我和威廉上学时在她家寄宿，当时我很喜欢跟她交流。我很喜欢她，她每个星期只收我们 1 美元的住宿费，而且对我们特别照顾。那个时候，一些小镇的住宿费基本上都是这个价格，差不多所有食材都是自己的。

我经常和房东太太讨论高利贷的问题，她强烈反对放高利贷。她对我的情况很了解，知道我时常向父亲借钱，而且还要交10%的利息。然而，无论讨论得多么激烈，利率还是不会改变，要想使利率下降，唯一的办法就是拥有足够的现金。

当时存在一个严重的问题，在商业问题上，公众的认识是很顽固的，不易受到已经确定的经济理论的影响。公众的认知程度不会因匆忙制定的条规条例而提高。

在那个时候，为企业筹集资金是件相当困难的事情，其困难程度是现在的人们无法想象的。有的人放贷的利率甚至更高，比如在一些西部偏远地区，贷款就有风险，而这些风险往往都由个人承担，现在的商业环境已经完全不同于过去了。

一次难忘的借款经历

我永远不会忘记那次艰难的贷款经历。当时我们急需几十万美元的现金收购一家大型公司，可是又不允许用证券代替。这个任务可谓是相当艰巨，因为消息中午才传到我这里，却要在下午3点前完成。我开着车去每一家银行交涉，拜访每一个我能找到的人，或行长，或出纳员，请求他们尽力帮助我。我让他们在3点前将现金准备好，我稍后过来取。我走遍了市里的每一家银行，又回头到各家银行取现金。就这样，3点前我拿到了足够的资金，完成了交易。

当时的我可以说是个永不止步的旅行者，每天在工厂、客户、老友间奔波，为拓展业务制定一个又一个计划，要完成这些工作，效率是非常重要的。

为教会筹集资金

十七八岁时，我被推选为一个教会分会场的教堂理事。主堂的教友好像认为我们分会场没有主堂办得好，经常议论我们。我听说后很不服气，决定找机会证实一下自己，让他们看看我们是不是有能力自给自足。

我们的教堂有一件不太光彩的事情——教堂不仅比较小，而且还有 2 000 美元的抵押借款。债主整日来催教会还款，可是他连利息都没能收回。债主终于发火了，声称要卖掉教堂。这位债主可能确实急用钱，他坚决要求教会还钱，尽管他也是教会理事。说到底，他企图将教堂卖掉索回他的钱。最后，在一个周日的上午，牧师站在讲坛上，向我们宣布，要想不失去教堂，这笔钱需要向教友们募集。于是站在教堂门口的我，一看到有教友前来，就赶紧迎上去开始募资。我用真切的话语去劝说每一个来做礼拜的人，向他们叙说教堂的困难，尝试着说服他们捐款。我将答应捐款的人的名字和捐赠数额一一记在我的小本子上。

我极力劝说每一个教友，经过几个月的努力，最终成功募集到了 2 000 美元的善款。每个教友的捐赠数额都较小，有的几美分，大方一点的就答应每周捐 25 美分或 50 美分，像这样的额度，要募集 2 000 美元，显然不太容易，任务比较艰巨，不过我很感兴趣，尽心尽力地去做着。最后，我们成功了。我的赚钱欲望就是从这件事情以及别的相似的事情上产生的。

资金募集够后，我们还清了债务，那一天，我们的腰终于挺直了，我想：主堂的人现在应该感到羞愧了吧，当初那样看不起我们，现在应该对我们另眼相看了。不过现在想想，我们当时的所作所为并没有震撼到他们。

那个时候，我很喜欢做这样的事情，我把募集资金、完成自己的任务当成一件非常自豪的事情，丝毫不以为耻。这件事情我做了很长时间，后来事情越来越多，担子越来越重，这些事情就托付给他人代劳了。

J 第三章
JOHN DAVISON ROCKEFELLER

标准石油公司

我的信念就是抢在别人之前达到目的。

谣言不攻自破

人上一百，形形色色。企业发展起来后，规模越来越大，人员也越来越多，必然会存在各种各样的人，肯定也会有一些特立独行的人，这是很正常的事情。这些人我行我素，行事独特，免不了会受到他人的非议。其实，就算在一些规模较小的企业中，也会有这样的人存在。如果以此来评判一个企业的是与非，无疑是不公平的。

社会上传言说我的合伙人都是在我的强迫下加盟企业的。我会如此鼠目寸光吗？显然不可能。我的合伙人都跟我保持着终生的友谊，并心甘情愿地留在公司很多年，担任着重要的职位，这一点充分证明我并没有那样做。他们都不是懦弱的、任人欺负的人，否则我们也不可能打造出这样一个强大的、和睦的团队。在这个团队里，每一个成员都是平等的，我们精诚合作、团结一心、和睦相处。只有这样高效的团队才能生存下来，才能越来越强大。14 年来，我几乎已经从公司的经营中退出来了，我在近 10 年里只去过一次公司的办公室。

多年来，公司的高级职员和部门经理养成了在标准石油公司办公楼顶层房间用午餐的习惯。1907 年夏天，我又一次去了那里。在那里我看到他们中间的很多人在过去只是公司的小人物，这让我非常吃惊。更让我欣喜的是，这里的氛围还跟从前一样，亲密而和谐，我与这些新老朋友亲切地交流，和睦地相处。或许有人认为百十人亲密无间地坐在长桌子旁一起用午餐是一件不足挂齿的小事，可是我一直提倡这样做。试想，如果他们的关系是被迫建立起来的，他们还能这样融洽、和睦地相处这么久吗？任何逼迫下建立起的关系都不可保持长久，更不可能持续友好下去。

多年来，标准石油公司一直在稳步发展，效率越来越高，成本逐步降低，必然会以越来越低的价格向人们提供石油产品。我们的服务也渐渐从中心城市延伸到城镇及更偏远的地方，现在直接延伸到每家每户，为每一个用户提供便利。标准石油的服务已经覆盖到整个世界。比如说，欧洲的乡镇村庄都在使用我们的石油，公司的 3 000 辆油罐车穿梭往来，不断地往那里输送着美国石油。这样的服务网络遍及日本、中国、印度和其他一些主要国家。我们辛勤地工作着，推动着公司越来越强大。

标准石油公司发展迅猛，再加上采用了直接向消费者销售产品的策略，难免会引起一些人的抵制，我觉得很正常。然而，我得知，很多别的行业也采用了直销的手段，可是社会上并没有产生过多反对的声音。

对此，我觉得挺有意思。我常常想，人们之所以强烈地反对我们，莫非是因为我们是第一个采用直销模式的公司？但是我们一直以公平公正为经营的宗旨，任何一方的利益都会充分考虑。我们从不压低价格，更不会利用间谍系统，我们不会利用任何不正当手段打压对手，让其走投无路。我们只是想更快更广地扩大石油消费量，为此我们为自己设定了目标，并采取有效的行动。我将在下面描述当时的具体情况。

为了扩大消费量，占据石油行业的优势地位，我们竭尽全力地拓展市场。很明显，传统的销售渠道根本不能让我们实现这个目的，我们必须开发新的消费渠道，卖出比过去多一倍、两倍甚至三倍的石油才行。一旦发现新的商机或新的销售区域，我们会全力以赴去争取，这样做难免会侵犯其他石油商人的销售领域，但这并不是我们有意为之。其他人经营的业务我们也开发了不少。随着公司的迅速发展，公司急需新鲜血液的注入，尤其是一些管理职位。从公司内部员工中选拔人才，无疑是聘用高层管理人员的最佳方法，可是公司的高速发展使得内部资源紧缺，所以我们只能从外部招聘。如此一来，这些新聘用的员工中，有些人为了增加销售额，免不了会采用一些极端手段，这并不奇怪，只是他们的做法完全背离了公司的经营理念和行业道德。这种情况的确与我前面提到的商业原则相悖，尽管在公司众多的业务往来中这种事情寥寥无几。

标准石油公司的产品都是美国人民辛苦劳动的成果，每个星期，公司都为这个国家创造 100 多万美元的财富，我为此感到无比骄傲。假如人们对事情真相了解清楚后，大部分美国人肯定也会和我一样感到骄傲，对此我深信不疑。公司的发展需要大量的资金，比如对外贸易需要推进，为了使石油的运输更加经济实惠，需要更多的船舶进行批量运输，世界各地的市场需要人员前往开发，等等，任何业务都需要资金。如此庞大的资金，是其他任何公司都不可能筹集或掌控得了的，除了今天的标准石油公司。

只有充分了解当时的时代背景，才能了解事实真相。当时的石油行业就好比是现在受众人热议的采矿业，被人们视为最危险的行业。我的老朋友托马斯 · W. 阿米特吉，40 年来一直在纽约市的一个大教堂里担任牧师，非常优秀。他就向我提出过警告，说扩建工厂、扩大企业规模的决定相当愚蠢，他认为石油随时都有可能枯竭，需求将会下降，我们公司的发展前景堪忧。我觉得，包括他在内的所有人似乎都认为我们的公司会惨淡收场，走向破产。

公司取得如此大的成功，是我们都没预料到的。我们勤奋工作，展望未来，设定目标，解决问题，把握机遇，稳健前行，一步一个脚印。正如很多人所说，石油贸易是一个冒险行业，保守的投资者都不愿往这个行业投资，所以资金仍然是公司的大问题。拥有巨额资金的人还不敢涉及这一行业，尽管他们偶尔会支持我一下，但资金有限。他们有时也会尝试着购买一些我们的股票，但是我们清楚地知道，如果有新股票上市，他们总会找一些冠冕堂皇的借口拒绝购买。

公司的成功时不时就会受到一些股权人的质疑，因为这是一个新兴的产业。因此为了维持运营，我们必须经常清算存货。不过我们愿意承担风险，因为对公司的基本价值，我们信心十足。为了心中的梦想和信念，总有一些人愿意背水一战，一旦失败，他们就会被视为不切实际的幻想家，有些时候的确是这样。

公司拥有60 000名员工，他们辛勤地工作着，年复一年。即便在去年经济不景气的时候，标准石油公司仍然继续执行着之前的计划，新工厂、新楼房如期建设，丝毫没有因为不景气而拖延工期；员工的薪水仍然保持较高水平，并向他们提供完善的医保和养老制度。大规模的罢工事件，在标准石油公司从来没有发生过。我认为，对于任何企业而言，最好的管理办法就是首先保障员工的福利，不管这个企业是兴是衰。

在资金管理方面，或许是因为我们觉得水油不能溶在一起，所以我们这只所谓的“章鱼”——当时很多喜欢挖人隐私的人将标准石油公司称为章鱼——丝毫不掺杂“水分”。标准石油公司创业多年，也从来没有欠过他人债务。无论遭遇什么困难，我们都不会在公众债券和股票上作假，公司承担所有损失，公众的利益丝毫不受影响。像银团包销、股票抛售之类的事情，我们从来没有做过。如果国家需要，我们会义无反顾地向新开发的油田提供资助。

一些人实在没有一点见识，时常说标准石油公司搞恶意竞争，使其他竞争者濒临破产。无论过去、现在，还是未来，每个企业都无时无刻不面临着竞争。要想在激烈的竞争中生存下去，就必须采取有效的经营措施，使企业时刻保持旺盛的活力。在此，我想对竞争做一下简单的论述。企业间的竞争是相当激烈的，包括炼油行业，甚至是石油副产品企业，尤其是国外市场上的竞争更是如此。标准石油公司在印度市场上与缅甸石油公司进行着激烈的竞争，而且为了抢占欧洲市场，还一直与俄国大油田的石油产品竞争。这些国家不仅故意抬高关税，而且还存在着严重的地域歧视，再加上一些稀奇古怪的风俗习惯等，给我们造成了很多困难。我们甚至还使用了骆驼和人力向那些偏远地区运送石油，为了满足不同人群的需求，我们不断地调整策略。拓展海外市场，我们只准成功不准失败，因为失败就会给我国人民带来损失，而我们的成功将会为国家赢得了大笔的财富。

位于华盛顿的国务院向我们提供了很大的帮助，它是我们坚强的后盾。我们之所以能不断地开发海外市场，使产品遍及世界的每一个角落，我们的大使、公使和领事功不可没，没有他们的协助，我们不可能取得如此大的成功。

标准石油公司迅速发展，创造了一个又一个辉煌的战果，所以在退休 14 年后的今天，我才能这样真诚而激动地坦言这一切。

标准石油公司历经无数挫折与磨难才取得了今天的成绩。这份成功属于整个团队，而不是某一个人，我们的团队是那么优秀，所有成员众志成城、共谋发展，公司能发展到今天，离不开管理层的严格把关、对产品质量的严格要求，以及对客户心理的认真把握。否则，就算取得一定的成功，也不会长久。有人看过有关标准石油公司的报道后，或许会认为这个占有垄断地位的石油公司的管理者只需要坐享分红就行了，什么都不用去做。事实根本不是这样，公司的每一位员工都很辛苦，由于我们公司大部分产品都销往国外，他们既要为公司提供优质的服务，同时还为国家的外贸事业做出非凡的贡献，在此我想向他们表示由衷的敬意。如果公司的管理人员像那些报道中所说的那样，我一定会将自己的股份全部抛掉。优胜劣汰，适者生存，企业的成功离不开忠诚而出色的管理人员，也只有最杰出的人才才能进入企业的高层。我将在下面章节中谈一下标准石油的起源和早期的一些计划。

现代企业

时至今日，有些人对企业集团仍然有所怀疑。人有善恶之分，公司同样有好有坏，所以存在一些疑虑也是很正常的。但是，不能一棍子打死一船人，并不是所有的公司都是不道德的。企业集团并不是一无是处，自然有其存在的价值，这一点可以从它的形式和特性能够保留至今来说明。企业集团是一种非常便利的合作形式，很多小公司也正朝着这个方向发展。

无数事实证明，资金的联合是一种必然趋势，不存在任何危险，只要企业集团经营合理，维护好其他人的应有利益。现代社会不提倡个人英雄，凭个人力量单打独斗是生存不下去的。这就好比放着先进高效的机器设备不用，而选择手工劳作，这是一种历史的倒退，我们谁也回不到过去。时代在发展，历史在进步，谁也无法逆转，我们要接受这个现实。对此，只要看一看大企业集团股东数量正在迅猛增长就清楚了。也就是说，任何人都可以加盟企业集团。这种现象挺不错，这样一来，拥有股份的人就能够更加公正地对待事实，得出客观的答案，而不是一味地对公司进行指责和怀疑，企业集团管理者的责任感也会因此而大大增强。

现在工业生产联合化的问题再次在社会上引发热议，我也经常对此发表看法，不过我自始至终没有改变过自己的观点，也不害怕再次申明自己的立场，现在也一样。

人员的合作与资金的联合是工业联合化的一大优势，现代企业的发展需要合作，或者说需要产业联合，这也是一种必然的发展趋势。小企业或许有两个合作人就足够了，但是企业发展得越大，就需要越多的加盟者和资金，于是企业集团便自然而然地诞生了。包括英国在内的很多国家，工业联合已经得到普遍的发展，可是在美国却不是这样。每个州的企业因联邦政府在各州的不同制度而隔离开来，企业只能在各个州开设新的公司，而不能在各州设立分支，因此商人们只能分开处理不同州的业务。现在美国人已经把目光从国内市场转向了海外，组建企业集团在拓展海外市场方面就显示出极大的优势，企业联合非常必要，尤其是像欧洲一些排斥外国产品的国家。于是，在同一行业中，企业就联合成立了股份制公司。

时至今日，工业联合已经成为一种必然的发展趋势，再讨论它的优势显然有点晚了。美国人必须进行大规模的工业联合，建立集团公司，才能将自己的事业扩展到联邦各州，然后向国际市场进军。

假如某个企业集团不是建立在经营业务的基础上，而只想投机股票，那么股票的市场价格不会居高不下，这说明产业联合所形成的力量被滥用了，这样的集团是相当危险的。我们不能因为蒸汽机有可能爆炸就不去使用它，同样的道理，我们也不能因为一些企业集团中存在着一些滥用权力的现象就反对企业联合。蒸汽机的发明意味着工业的伟大进步，我们完全可以将它制造得更加安全。我们也可以对企业联合的不利因素进行有效控制，而不能阻止它的产生。做不到这一点，就说明我们的立法者不能促成工业上的最重要变革，说明他们是无能的。

直到现在，我仍然坚持自己在 1899 年工业委员会的听证会上的观点。我记得当时是这样说的：假如工业联合方面的法律法规让我来制定的话，我首先就会制定相应的联邦法律，使企业集团的建立和运营合法化。其次为了推动工业的发展，我会尽量统一各州的法律，鼓励人才合作与资金联合，同时政府对之担负起监管之责。我还主张反对蒙骗公众的行为，扶植工业发展。

新的机遇

当下是个最好的时代，经济将进入黄金发展时期，未来的年轻人将拥有无数宝贵的机会，我绝对不相信这个时代会对个人发展造成不利的影响。总有一些年轻人抱怨说，与父辈们相比，他们拥有的机会太少了。他们哪里知道我们这辈人遭遇了多少困难？年轻时，我们没有开发资源的技术与工具，眼睁睁看着那些资源而束手无策，只能在布满荆棘的道路上摸索前行。我们没有前人的经验可供参考，还要面对最难搞的资金问题，在那个时候，借贷还是一个神秘的事物。在当时的商界，所有的事情都没有条理、零乱无序，我们经历了惨重的战争及其带来的各种灾难，而现在我们拥有了整套完备的商业信用体系。

现在的发展环境要比那个时候优越得多，我们不仅拥有巨大的国内市场，而且正在向海外拓展。在东方，醒悟的人仅有四分之一，那些不及我们进步的国家的人民都在接受着我们的服务；我们资源丰富，有大量资源等待开发。当时的我们生活得相当困苦，父辈没有给我们留下任何遗产，而现在的年轻人大多从父辈那里继承了遗产。我一向很乐观，但是，我对美国未来将取得怎样的成功仍然保留自己的意见。

这个时代给我们提供了很多优越的条件，但仍然需要付出巨大的努力才能取得成功，而在全球范围内建立起美国信誉则是重中之重。

要想吸纳更多的资金，必须要让外国资本觉得持有美国公司的股票是值得的。要达到这个目的，美国人就必须诚实守信，真诚地对待外国投资者，这样他们才能放心地购买我们的股票。

我本人也购买了美国多家公司的股票，除了一家企业外，我没有参与这些企业的管理，不过我并没有从那家企业获得多少分红。我的收益完全依靠公司诚信而高效的管理，就跟所有股东一样。我相信我的资金能够获得很好的运用，因为我非常信任这些公司的管理者。

美国商人

很多人断言美国商人过于贪婪，这是一种悲观主义的看法。报纸上报道的通常都是一些极端事例，过分相信报纸上的报道，并以此认定我们是这个国家的守财奴，是很无知的行为。一个按部就班地生活的人不会成为报纸关注的焦点，但是如果他做出一些不同寻常的事情，他就会成为人们议论的对象。有时商人可能会成为民众热议的对象，但你不能以此来判断他的整个生活就是这样。赚钱并不是这些思维敏捷的人工作的唯一目的，他们非常热爱自己的职业，这份热爱不仅仅来自于积累财富，更多的是来自于更高尚的动力，正如我曾讲过的，随着商业标准的不断提高，商人也需要不断进步，提升自身的业务水平。

对于他人所说的，我们的国家以金钱至上为价值观这一观点，我坚决不同意。要是真像这些人所说的那样，我们就不会在建设国家上花那么多钱，我们这个民族就真的成了一个守财奴的民族。还有人认为我们这群人心胸狭隘，对他人的成功心怀妒忌，我也不同意这个观点。事实恰好相反，我们的民族野心勃勃，一个人的成功不会招致其他人的眼红，只会给他人带去前进的动力。认为我们心胸狭隘，这是一种诋毁。

我们应该像我的爱尔兰邻居那样，多一些幽默感，以此来看待妒忌和金钱至上的观念。他建了一栋颜色相当刺眼的房子，我们都认为那房子很丑。对于这栋房子，我与他的看法截然不同，于是为了隔开我们的视线，我们决定在我和他的房子中间种植一些大树。另一位邻居对我的做法很不解，便向那位爱尔兰邻居福利先生寻求答案。福利先生立刻回答说："因为他实在忍受不了天天看着我如此漂亮的房子，他这是妒忌我。"话语间充满了爱尔兰式的幽默。

一直以来人们做事的方法都差不多，无论在我创业时期还是现在。人们必须努力奋斗，以促进事业的发展，这个时候几乎所有人都觉得自己的事情与众不同。无论做出什么样的决定、制定什么样的商业计划，他们都会说具有相当重要的意义，哪怕某些决定相当愚蠢、相当不妥，哪怕那些商业计划非常生硬。为了证明自己的独特，他不惜赔本出售商品，打乱同行业其他人的商业计划。这些人非常固执，根本听不进他人的劝说，他们希望最好的时机创造最好的机会，可是就算等到世界末日，他们的这个美好愿望也不可能实现。

还有一些人，包括一些非常聪明的人，虽然做出了很多努力，却没有赚到钱，因为他们对自己的财务情况一点也不了解，对理财知识完全不熟悉，甚至在生意的盈亏方面也是糊里糊涂。很多商人通常具有一个致命的毛病，那就是不敢面对现实，当商场不景气的时候，不愿意正视自己的财务状况。标准石油公司则不这样，公司的每一笔收入与支出都被管理者详细而准确地记录下来。我们对自己的盈亏一清二楚，清楚地了解自己是在哪里赚的，在哪里亏的。那种自欺欺人的事情我们绝对不会去做。

在恪守商业基本原则的基础上，我们始终坚持保守的商业理念。很多时候我就在想，现在的美国商人根本没有真正领悟商业管理的精华，即使他们的思维、反应速度、商业精神、行动力等各方面都非常出色。但商人必须敢于直视自己的真实情况，我一直强调这一点。自然法则不允许逃避现实，对现实情况认识得越早，越能把问题早日解决，可是很多人却总是在逃避，总以为绕过这些问题就能渡过难关。

薪酬的问题，尤其是为何非要保证高薪酬的问题，一直是人们热议的对象。比如说，为什么要向铁路工人提供高薪酬呢？劳动者所得的报酬必须与他所付出的劳动成正比，一个人的所得如果高于他所付出的劳动，那么他就是在吃救济，如此一来，事物也就失去了平衡。一个逃避现实、企图改变商业内在原则的人，必将走向失败。道理很简单，做起来却不那么容易，很多人不重视这一点。实际状况必须与市场环境相适应，必须跟上企业的发展步伐，若有参差，商人要及时调整自己，这就是现实，谁也不能摆脱。要想工作有成效，就必须充分了解自己的实际情况，必须踏踏实实地做事情。然而，总是有那么一些人，一心想寻求捷径，快速地走向成功，也许他们真的找到过吧。

有不少已经功成名就的人根本不愿闲着，到了退休的年纪仍然在商界打拼，因为他们希望获得更多的成功，创造更多的辉煌，他们热爱自己的职业，并为此自豪。还有一些人更加了不起，他们之所以愿意留在商界拼搏，是想给员工和合伙人争取更多的利益，正是这些了不起的奋斗者缔造了我们伟大的祖国。毋庸置疑，倘若每一个事业兴盛的美国商人取得一定的成功后就脱离商界，必将会留下无数没有完成的事业，这岂不是太令人遗憾了吗？假如这种情况真的发生，我也完全可以理解。但是，正如古人所说："富则兼济天下"，每个人都有自己的义务与责任，成功人士也不例外。美国商人应该向我们的社会公益事业贡献自己的智慧和资金，我们的社会需要他们的奉献精神。这些慷慨捐助的人是崇高的，在这里，我向他们表达我由衷的敬意。不过美国商人当中也有不少人不去理会这些事情，而将自己的全部时间和精力都放在了生意上。他们认为将时间花在与生意无关的事情上是一种浪费、一种耻辱，他们会为此而羞愧。

我经常参加一些募集资金的公益性活动。"我不是乞丐。"我时常在那里听到有人这样说。对此我很无语，只能说："我为你的这个看法感到遗憾。"

我一直是这样的"乞丐"，我认为这种经历充满了乐趣，而且尤为珍贵，我会在后面的章节中对此详细叙述。

第四章

JOHN DAVISON ROCKEFELLER

驰骋于石油行业

大多数人之所以会失败，不是因为犯错而是因为没有全身心投入。

踏入石油业

当克拉克—洛克菲勒公司的农产品贸易生意红火的时候，我产生了进军石油业的念头。19 世纪 60 年代初期，我们初步踏入石油业，组建了一个炼制、出售石油的公司。这个公司的成员有梅塞尔·詹姆斯、理查德·克拉克、塞缪尔·安德鲁斯，以及克拉克—洛克菲勒公司。这是我首次接触到石油贸易，公司迅速发展，为此克拉克—洛克菲勒公司必须提供一笔数额庞大的资金，专门用于石油贸易。在公司中，塞缪尔·安德鲁斯先生是石油生产的主要负责人，他还掌握了用硫酸净化原油的技术。

1865 年公司解体，我们必须清算现金资产，偿还债务，可是公司还有诸多问题等待解决，比如工厂、公司品牌等。有人提出竞标的建议，谁出价高，谁获得这些资产。这个办法很公平，可是何时竞标？由谁来主持竞标呢？我的合伙人想将这些事情托付给一个律师来帮忙处理，可是我认为这种事情很简单，我自己就可以解决，所以从来没想过要去聘请法律代表。于是我们立即决定拍卖，拍卖会由律师主持。大家都同意这样做，于是拍卖开始了。

当时我已经决定进入石油行业，不是把它作为副业，而是进行大规模的投资，安德鲁斯先生愿意与我合作，他的想法跟我一样。我完全没料到竟然有那么多人想进军石油行业，尽管我觉得石油炼制业有很大的发展空间。我踌躇满志，打算放弃克拉克—洛克菲勒公司的农产品贸易方面的业务，信心百倍地投身于石油业，并为此准备了足以买下工厂和商标的巨额资金。后来，我的老合伙人克拉克先生接管了克拉克—洛克菲勒公司的旧业务。

我清楚地记得当时以500美元起拍，我先出价1 000美元，他们出2 000美元，所有人都势在必得，价格逐渐上涨，很快涨到了50 000美元。我们觉得这个价格已经远远超过了公司的价值，可是价格仍在继续上升。60 000美元！70 000美元！我有点担心了，害怕自己没有那个支付能力。最后，对方喊出70 000美元，我想也没想就喊道："72 500！"这时，克拉克先生对我说："约翰，这个公司属于你了，我不再出价了。"

我问："现在就给你开支票吗？"

克拉克先生说："不，方便的时候支付给我就可以了，我相信你。"

就这样，我正式踏入了石油行业，成立了洛克菲勒—安德鲁斯公司。从此刻起，我开始在这个行业奋斗，整整打拼了30年，直到56岁退休。

我在这里不再讲述石油行业早期的历史，大家对此都已经很了解了。开始时，石油业极具吸引力，很多人，包括肉商、面包师、烛台制造商等，都投身到炼油业中，因为原油净化的工艺并不复杂，并有着很大的利润空间。只是没过多久，这一行业就濒临崩溃，因为市场中的成品油很快供大于求，油价迅速下跌。我想到了海外市场，这是挽救颓势的最好办法，然而这并不容易，拓展海外的过程必定漫长而艰难。而且为了节约成本，增大利润空间，改进炼制工艺也势在必行；还要将一切副产品利用起来，在一些工艺水平较低的炼油厂，这些材料往往被白白扔掉了，我们决不能那样做。

在创业之初就遇到这么多问题，我们完全始料不及。而且当时经济正处于大萧条时期，在这样的环境下，为了在混乱中寻求发展，挽回一定的订单，我们开始将石油产品努力向邻居和朋友推销。任何一家公司也不可能单独完成拓展市场、全方位提高生产工艺等事情，我们也一样。为了解决上述问题，经过一番分析与商议，我们决定增加资金投入，吸收优秀的人才和先进经验，以求形成规模效应。

为了使运营更加经济更加高效，在确定好方向后，我们便开始并购最大型、最成功的炼油厂，实行集中管理。公司成立后，其发展速度完全超出了我们当初的想象。

我们的企业拥有很多技术过关、能力超群的人才，在他们的努力下，我们很快在诸多方面走到了前列，比如生产工艺、运输条件、金融状况、市场拓展等。发展过程中，遇到困难和挫折是难免的，我们曾遭遇过一场大火，损失相当严重；原油的供应起伏不定，市场环境也动荡不安，为此我们必须经常调整计划。在石油基地，我们建立了大型的设施，建设储油罐，打造石油输送管道。可是如果石油枯竭，我们的一切工作就白做了。石油业其实是一个大的投机行业，我们经历了无数风险，但都闯过来了，不能不说我们很幸运，不过我们从其中也学会了在这一艰难行业生存的技巧。

开拓国外市场

我们的公司是怎样发展到现在如此大规模的呢？这个问题在多年前就有人问过我，我回答说，刚开始的时候，我们只是俄亥俄州的一个合营企业，后来才发展成为集团公司。这样的成绩对一家本地炼油公司而言很了不起。但是这远远不够，我们不能只依靠本地市场，而要把市场开拓到全球每一个角落，否则早就失败了。我们把目光投向了沿海城市，因为那些城市在发展海外市场方面极具优势，将工厂建立在那里，往海外运输石油就会更加方便、更加经济。于是我们将炼油厂建立在布鲁克林、巴约纳、费城、巴尔的摩等地，还在各州成立了分公司。

很快问题又来了，过去我们通常采用油桶来运输石油，可是现在这种方法已经满足不了需求了，因为包装成本过高，很多时候都超过了石油的价格，而且原材料也成了问题，我们国家的森林无法再提供那么多价格低廉的原材料。于是我们尝试采用其他的运输方式，比如建设输油管道系统，而且筹集到了建设管道所需要的资金。

在当时，在各州设立分公司，就如同铁路经过各个州一样，必须遵守各个州的法律，建设输油管道也一样，必须获得当地政府的授权。建立完善的管道系统，必须拥有数额庞大的资金才行。这些输油管道是整个石油行业的支柱，缺少了它们，消费者的花费就会增加，油井的价值也会因此而降低，不采用这种运输方式，整个石油行业将举步维艰。

输油管道系统的完善还需要改进包括铁路系统上使用的油槽车和后来用蒸汽引擎推进的油轮等在内的诸多方面，这就需要更多的资金和与之相应的运营机构。

我们一次次成功的行动，推动着企业稳步前行。今天的美国之所以能够尽情享用从她的土地里不断喷涌而出的财富，正是基于这些持续的改进与完善。

建立标准石油公司

1867 年，我们组建了洛克菲勒—安德鲁斯—弗莱格勒公司，其成员有威廉·洛克菲勒公司、洛克菲勒—安德鲁斯公司、洛克菲勒公司、S. V. 哈克内斯和亨利·莫里森·弗莱格勒。

为了用大规模经营来取代原先分散的小规模经营，使企业更具竞争力，我们要联合一切技术和资金，采用更经济更高效的经营模式，这家公司正是基于这样的理念建立起来的。后来我们发现必须加大合作力度和投资力度，为此我们又筹集到 100 万美元，组建了标准石油公司。之后我们发现还有更多的资金可以利用，并找到了一些对此行业感兴趣的人投资入股。公司的资本越来越多，1872 年增到 250 万美元，1874 年达到了 350 万美元。随着公司的快速发展以及国内外市场的不断开发，我们吸引了越来越多的人才和资金，并创建了更多的新公司。我们希望向客户提供最优质、最便宜的产品，使企业越来越强大，这是我们一直以来的目标，从来没有改变过。

标准石油公司一直将向客户群提供质优价廉的产品作为经营宗旨，我认为这正是我们公司成功的原因。为了实现这一经营理念，我们采取了一系列的措施：投巨资改进制造工艺，使之更先进、更高效；我们设置黄金台——提供最丰厚的薪酬——吸引了大量的优秀专家和人才；我们精心筛选工厂的地址，降低运输成本；除了主要产品市场，我们还尽力开发一切可利用的副产品市场，并竭尽全力将它们推向世界。为了降低石油采集和配送成本，我们投入了数百万的资金，建造输油管道、油槽车、油罐汽船和托罐车。总之，对美国石油，我们充满信心。为了壮大美国石油业，我们提供了大量的资金，终于在与俄国及其他石油产出国的竞争中站稳脚跟。

安全保障措施

我们获得收益并赢得优势的方式从下面这个例子中可见一斑。大家都知道，石油炼制和储存的最大危险就是火灾，前面我曾说过，火灾曾给我们造成过重大的损失。为了使这种风险和可能造成的损失降到最低，我们将工厂分散到全国各地。我们建立了一套完备的风险反应体系，因此没有火灾可以摧垮我们。我们为安全保障准备了大量的资金，绝对不会一下子用完。假如将工厂建造在同一区域，就难免遭遇这种情况。我们制定完善的计划，不断地更新设备，并研究制定出最完备的防火管理制度，这些举措给我们带来了不少收益，从而增加了标准石油的总利润。

我们的安全保障措施取得显著的成效，有效地控制了火灾造成的损失，而这些都转化成收益，使炼油公司及许多其他相关企业受益匪浅，比如副产品的生产，比如油罐、油罐汽船、油泵的生产商等。我们坚持把现有产业发展壮大，做到最好，将所有精力都放在石油产品的经营上，不涉足其他无关产业。我们用心培养自己的精英团队，我们很多的人才都是从少年时期开始培养，为他们提供优越的平台，让他们尽情施展自己的才华；我们培养他们对企业的忠诚度，不断提升他们的个人能力；只要愿意，他们就能购买公司的股票，而公司会帮助他们管理股票。不仅在美国，而且在世界各地，公司员工都能够得到提升；如果过去的合作伙伴的后代想加盟公司，我们都会热烈欢迎。我确信，标准石油公司一直是一个忙碌而和谐的大家庭，不管在过去还是现在。

有人曾经问我："现在公司的管理层还时常征询您的意见吗?"我想对他们说，我很愿意提供建议，如果真的有人来询问我的话。只是我退休后几乎没有遇到过这种事情。不过我仍然是公司的大股东，我的股份在我退出公司的管理事务后反倒增加了不少。

或许有人会对标准石油公司的分红感兴趣，下面我就来解释一下公司的支付方式吧。不过，我相信有些人也许对这个问题提不起兴趣。

一年中，冬天的石油消费量最多，所以标准石油公司将每年的第一次分红安排在 3 月，即一年中最繁忙的季节结束之后，另外还有 3 次分红，通常是每个季度一次。公司目前的股本是 1 亿美元，按 40% 的比例分红，但是这并不表示公司的收益是投资资金的 40%。其实这是公司运营 35 ~ 40 年累积所有储蓄和盈余的结果。公司的股本已经翻了几番，都是实际价值，没有掺杂一丁点儿的过剩资本或“水分”。如果算上股本的增长，股东的分红比例也相应提升 6% ~ 8%。

标准石油稳步前行

下面我来讲一下公司在这么多年里的资产增长幅度。输油管道在初建时，生产成本是现在的 50%。大片油田买入时只是还未开发的土地，后来为我们带来了丰厚的产出。很多人觉得低品质原油没什么价值，但公司还是购买了不少，希望最后能够充分利用起来。随着炼油工艺的发明，以及残渣回收再利用技术的改进，让这些低品质原油的价值得到了大幅度的提升，这个事实充分证明了公司的决定是非常明智的。公司还低价购买了不少码头，经过规划发展后，也成为宝贵的资源。

我们将工厂迁到重要的商业中心附近，那里曾经是大片未开发的土地，我们购买下来，充分利用当地的土地资源，这既增长了我们的产业价值，也使附近的地价增长了无数倍。为了建设工厂，我们购买了不少土地，不管是在美国还是在外国。我清楚地记得，我们的一些荒地购买时每英亩 1 000 美元，后来经过开发，那些土地在 35 ~ 40 年价值翻了四五十倍。

在我们的资本升值的时候，其他人的财产也在升值，可是他们并没有像我们一样受到谴责，因为他们升值的同时也扩大了股本，而我们一直采取保守经营策略，继续进行资本积累。

一切都以商业发展的自然法则为标准，我们的做法一点也不奇怪或神秘。阿斯特家族和其他很多房地产巨头也都是按这种方式经营的。

打个比方说，一个人最初投资 1 000 美元创业，发展过程中将大部分收入积攒起来，并将这些积蓄用于扩大产业和投资，他的产业价值慢慢得到提升，投资额增加到 10 000 美元，这并不表示他的收入仅仅是由最初投入的 1 000 美元带来的，这种方式也是一种资本积累。我在此想重申一遍，标准石油公司的管理者理应受到赞扬，而不是受到谴责。这个行业极具投机性，充满着风险，他们一直秉持保守的策略进行经营，使得公司稳立市场，越来越多的人购买标准石油公司的股票，而标准石油公司每年的分红从来没有让股东们失望过。

妥善管理资金

我们从来没有委托证券交易所出售过标准石油公司的股票，这一点我在前面已经说过。早期的石油行业具有很大的风险，如果在证券交易所出售股票，无疑会使价格出现剧烈的波动。我们不愿在股票上玩花样，只想专注于公司的合法发展。我们虽然很保守，但一直稳妥地管理着公司的收益。有人指责我们欺骗投资者，只拿出公司实际资产的一小部分进行分红。但是我们在证券交易所出售股票，有人或许又会指责我们利用促销手段诱惑大家投资。

公司采取保守的经营方式，始终以稳健前行为基础，早期我们艰难地筹集资金，在商海中摸爬滚打很多年，经过这些磨难，我们决定依靠自己的力量求得发展。为了保护自己的利益，更为了能够随时帮助那些处于困境中的人，我们妥善地管理公司财务，从来不过分依赖金融机构的帮助。一些人不了解事实真相，致使标准石油公司遭受无妄谴责。尽管我在很久以前就不再参与公司的管理事务了，但是我还是想说，那些努力打拼，竭尽全力将美国石油推向世界的人理应受到赞扬和尊敬。

在这里我想说一下关于标准石油公司进行投机活动的事情，社会上对此议论纷纷，而这都是谣言，不可信。标准石油公司只对石油产品以及与之相关的合法事情感兴趣，公司的一切业务都与投机挂不上钩，它建造工厂以生产油桶和油罐；它生产油泵抽取石油；它建造运输石油的船舶，还拥有油罐车、输油管道等。石油行业本来就是一个投机性极强的行业，要想成功经营下去，必须加强管理，时刻保持清醒的头脑。

公司向来是拿石油行业的收益来给股东分红。公司从来不去掌控股东的分红，股东们可以随意支配自己的钱。与其他储户一样，标准石油公司与银行只是正常的业务往来，根本没有拥有或控制“一系列银行”，与任何银行也不存在任何直接或间接的利益关系。这么多年来，它购买和销售自己的股票，从而吸引着全世界的民众接受它的汇票。

不同的性格，不同的命运

我们创建标准石油公司的真正目的是聚集这个行业的优秀人才，并不仅仅是资本的联合，想必大家还记得，我在提到公司成立的初衷时曾谈到过这一点。在此我还想强调一下，企业的成功很大程度上依赖人的性格、才能，而资本、工厂和严格意义上的物质财产只是企业成功的部分因素。

19 世纪 70 年代，石油行业非常混乱，很多厂主急切地想离开这个行业，于是在 1871 年后期，我们开始购买克利夫兰一些较为重要的炼油厂。尽管这些卖家急于将工厂出售，但我们仍然为他们留有选择的余地，他们可以收取现金，也可以换取标准石油公司的股票。当时我们的资金非常紧张，我们很希望他们能换取公司的股票。尽管如此，我们还是决定让他们自己选择，这完全是出于商业原则的考虑。大多数卖家果断地选择了现金。石油市场是否能够复兴，他们很怀疑，不敢确定股票的价值，而现金能购买实质性的东西。

这段时期，标准石油公司收购了克利夫兰很多重要的炼油厂，但是有一些较小规模的工厂不愿像其他工厂一样被收购，仍在坚持继续经营。一些地理位置比克利夫兰优越的炼油厂也经营得相当成功。

收购巴克斯

无论收购哪个炼油厂，我们都本着公平的原则去进行，但是，有些人却传言我们是以强制性手段收购的，例如在收购巴克斯石油公司这件事情上。社会上广泛流传的故事版本是，巴克斯公司受到了极为严重的剥削，我只补偿性地支付给巴克斯夫人应得价值的一小部分，她如同一位无依无靠的寡妇，被我残忍地夺走了最珍贵的财产。这个故事假如真实的话，将是一个残酷压榨手无缚鸡之力的妇女的例子，实在骇人听闻，而且煽情效果极强。这个故事在社会上传得沸沸扬扬，标准石油公司以及我本人受到很多人的痛恨与谴责，因为这些人完全不了解事实真相，所以才对那些传言信以为真。

这么多年来，我一直不愿谈论这个事情，不过今天我想将事情的详细情况向大家描述一下。

F. M. 巴克斯先生是我在克利夫兰的一个老朋友，很受众人尊敬。他在 1874 年去世之前的几年里一直做着润滑油生意。他的家人在他去世后接管了生意，并成立了巴克斯石油公司。1878 年末，它的一部分产权被标准石油公司购买。整个购买过程持续了几个星期，巴克斯公司的大股东巴克斯夫人委托查尔斯 · H. 马尔为代表与我方谈判，我没有参与谈判事宜，而是让彼得 · S. 詹宁斯代表我方进行谈判。不过，在事情刚开始筹划的时候，巴克斯夫人就产权购买的相关事情曾约我去她的府上一次。当时她对我说想将公司的部分资产出售给标准石油公司，而且想让我本人参与此事的交涉。我告诉她，我对谈判的细节一点也不熟悉，就此委婉地拒绝了她的要求。我还劝她不要太着急，考虑清楚再决定也不迟。

她说公司的很多事情都面临困境，比如说石油的运输问题，她弄不到足够的油车，所以她对公司的未来甚为担忧。当时我们的油车也很紧张，不过我还是对她说，我们可以借给她，多少都行，她有任何困难，我们都会尽力去帮助，她的生意会和过去一样，照常经营。我还对她说："您还是好好考虑一下，假如之后仍然决定卖出产权，我们就找一些对润滑油行业比较熟悉的人来跟你协商此事。"她当即表示，已经决定了，将产权出售给标准石油公司。就这样，詹宁斯先生作为我方代表与其进行谈判。

我们派出专家对巴克斯公司的工厂、无形资产和继承权的价值进行了估算。为了保证巴克斯夫人能够得到全额利润，我又要求他们在总价上加上 10 000 美元，我也只能这样做了。整个交易跟我们预想的一样，圆满地画上了句号，巴克斯夫人对此很满意，如约拿到了我们协商好的价格。

但是，交易刚结束一两天，就发生了一件出人意料的事情，巴克斯太太给我写了一封信，信的语气十分不友善，满是抱怨之辞，说此次交易对她很不公平，我感到非常吃惊。我赶紧对事情的具体情况进行调查，然后给她写了一封回信，我这样写道：

尊敬的女士：

您的来信我们已经收到。我真的做过冒犯您、伤害您的事情吗？为了确定此事，这段时间，我将收购巴克斯石油公司股份的谈判过程从头到尾细想了一遍，没放过一个细节。为了让您继续获得巴克斯石油公司的股份，我曾提议您适当保留一些公司的股份，我记得这个建议是在您府上向您提出的。我还记得您是这样回答我的："如果我决定将公司卖掉，就不想再从事这个行业了。"后来您希望出售全部的股权，我们也相应地做出了安排。至于您后来提出的购买一部分股份的请求，我们并没有如您所说的一口回绝，而是按照之前的约定回复您的。

巴克斯石油公司并不是我抢来的，您在信中如此指控我，实在不公平。我们完全是为您的利益考虑来收购巴克斯石油公司的，并非为了我自己。我这样说问心无愧。您应该还记得，您曾在两年前就向罗斯先生出售股份一事咨询过我和弗莱格勒先生。您当时显得很着急，但是如果那个时候将股份卖掉，您拿到的现金会远远少于现在。假如您在与我们进行交易的时候能够采用延期付款的话，您将获得更多的收益。如今我们购买巴克斯的产权，支付了足以建造三个这样的甚至更好设备的新公司的价格。在收购巴克斯石油公司的股权上，我是相当大方的，公司里不少人认为以 60 000 美元的价格去收购太高了，尽管如此，我还是坚持按这个价格支付给您了。

您在信中那样评判我，真的太不公平了，您如果重新阅读您的来信的话，您也会这样认为。这个交易是否公正、公平，我希望您能够仔细想想，认识清楚。不过，我知道此刻您一定比较难过，基于此，我向您提出以下建议，您可以将巴克斯石油公司的产权收回，只当这次交易从来没有发生过，您只需要将我们已经投入的资金还给我们就行。假如您认为这个建议不妥，您可以以我们购买时的价格购买巴克斯公司的股票，100份、200份、300份都行。现在巴克斯石油公司的总资产已经增加了100 000美元，股票的价值也在提高，每份升到了100美元，因为我们已经开始往该公司投入资金了。

对于我的提议，您是接受还是拒绝，我希望您好好考虑一下，不用急于回复我，我会为您留下3天思考的时间。同时，我是非常真诚的，请您相信！

您忠诚的朋友约翰·洛克菲勒

1878年11月13日

然而，我的所有提议，巴克斯夫人都不愿采纳。下面我将附上巴克斯先生的来信以及参与谈判的巴克斯夫人的代表们的部分摘录和书面陈词，以证明我所说的并不是我的片面之词。巴克斯先生写信给我，完全出于他个人的意愿，而且我在此公开这封信的内容也征得了他的同意。为了保证原文的真实性，以免引起不必要的麻烦，我会完整地公布此信的内容。当然在信中，巴克斯先生给予我很多赞美，我公开信件并没有公开宣扬的意思。

博林格林市，俄亥俄州

约翰·D. 洛克菲勒先生

克利夫兰，俄亥俄州

尊敬的约翰·D. 洛克菲勒先生：

此刻的我既羞又愧，于是决定给您写封信，或许这封信会被您的秘书随手扔进垃圾桶里，您根本见不到它。假如因为这样那样的原因，您没能读到这封信，那就不是我能控制的了。我知道我已故兄弟的遗孀 F. N. 巴克斯夫人曾给您写了一封信，信中说巴克斯石油公司的产权是您从她手中抢走的，她这样说是非常没道理的，对您非常不公平。自从得知这件事后，我一直想给您写封信来表明我的态度。

巴克斯石油公司的一小部分股份在我手上，我和我的兄弟一直在一块儿居住，巴克斯夫人约您到家里商讨公司出售事宜的那天，我正好也在家里。她对詹宁斯先生说，她想直接与您谈判。自始至终我都愿意由您来购买公司。巴克斯夫人曾与罗斯先生及麦洛尼先生进行过交易谈判，其过程我也参与了，为了不损害她的利益，我一直竭尽全力地鼓励她。我一直认为，作为一名管理者，巴克斯夫人非常出色，将巴克斯石油公司出售给你们，是她在金融方面的最大成就，但是她丝毫没有意识到，也不相信这一点。她并不知道在后来的 5 年里，公司将因近乎疯狂的投资而陷入走投无路的境地，她深深地陷入欧几里得大街的巨额债务之中，几乎无法翻身。而洛克菲勒先生的建议则是拯救她及石油公司的唯一出路。她偏执地认为，她和孩子缺衣少食，都是因为她那上百万的财富都被您夺去了，这个念头控制着她，折磨着她，使她近乎疯狂，不愿听任何人的劝说。在这件事情上，她钻进了死胡同，其实平时她是很聪明、很理智的。事实上我也不想出售公司，如果我们的公司运营良好，能够继续赢利的话，然而世上没有如果。

在这个交易中，您做出了很多于我们有利的努力，比如在购买价格上多支付了10 000美元，支付的价格是公司价值的3倍，我们没有走向穷途末路，正是因为将资产出售给了您，这一切我都一清二楚。为了不让自己如此愧疚，为了让公众知道她对您做出了不公允的评判，我必须将这些说出来。我一直想重整旗鼓，打一个翻身仗，于是在公司出售后就去了布法罗。然而，很快我便意识到自己想得太简单了，没多久我就失败了。我不甘心又去了德卢斯，在房地产的泡沫经济破灭之前，我一直在房地产行业中挣扎，后来我彻底破产了。我的一生遭遇了大风大浪，这都是我咎由自取，我不会因此而自怨自艾、怨天尤人，更不会坐在杜松树下谴责约翰·洛克菲勒让我遭受损失，我会乐观地面对现实，学会自我安慰、自我疗伤。

假如不是几天前我跟俄亥俄州管道公司的主管哈纳芬先生谈起出售老巴克斯石油公司的事情，这封信可能会迟到很多年，正是这次谈话让我重新鼓起勇气写下了这封信。虽然我终于了却了一个心愿，但是我知道这封信还是拖得久了些。

约翰·D.洛克菲勒先生，我在此衷心地向您表达自己的崇敬与赞赏之情！

您的朋友

H.M.巴克斯

1903年9月18日

我们从谈判记录可以看到，查尔斯·H.马尔和麦洛尼先生是巴克斯夫人及其公司的谈判代表。当时，查尔斯·H.马尔是巴克斯公司的员工，麦洛尼先生是巴克斯公司的管理者之一，曾参与公司的创立并拥有股票；而标准石油公司的谈判代表是彼得·S. 詹宁斯先生。

人们是如何曲解这个事件的呢？大家认为标准石油公司买下巴克斯石油公司产权的 79 000 美元，远低于该公司的资产价值。这个价格是巴克斯公司在标准石油公司的逼迫下勉强接受的。

事实真相又是什么呢？当时，詹宁斯先生请马尔先生列出巴克斯公司想要出售的资产项目和预想的价格，并将自己的方案以书面形式提出来。在詹宁斯先生的书面陈述中附有这个方案。经过一番考虑，标准石油公司决定只以市场价约 19 000 美元购买巴克斯公司的石油，而不想购买该公司的全部资产。马尔先生就公司的工厂、品牌和继承权出价 71 000 美元，标准石油公司将价格压到 60 000 美元，而双方很快接受了这个价格。

马尔先生是这样陈述的：

“在这里，查尔斯·马尔立誓，我作为巴克斯石油公司的代表参与该公司工厂、无形资产和现存石油的出售谈判，并促成了相关资产的出售。上述公司预以 150 000 美元出售包括库存现金、应计股利在内的所有股份，詹宁斯提出请求，让上述公司提供预出售资产的定价方案。本人就此事与巴克斯夫人进行商讨，征得她的同意后，本人提供了一份方案，并将之附在詹宁斯书面陈述的后面。在詹宁斯先生的要求下，这份由本人手写的方案又由本人亲自在美国润滑油公司办公室原本影印，并将原件交由巴克斯夫人亲阅。

“巴克斯夫人拥有巴克斯公司大约十分之七的股份，是巴克斯公司的最大股东，所以出售谈判的所有细节都曾咨询过她的意见，之后才推进的，对谈判的每一个步骤以及所附方案中的项目和价格，巴克斯夫人都很熟悉。据证人说，对上述方案，巴克斯夫人完全赞同，并对詹宁斯以60 000美元购买工厂、无形资产及继承权的出价没有任何异议，表示愿意接受。如前面所说，巴克斯石油公司拥有133 000美元的总资产，其中一些资产并没有转化成现金。”

巴克斯夫人的代表马尔先生对这次的收购谈判还谈到一点：“本人申明，整个交易，巴克斯石油公司从来没有受过詹宁斯先生或别的任何人的逼迫，他们没有为促成上述交易说过或做过任何事情。”

他还说：“谈判连续进行了两三个星期……巴克斯夫人为了摆脱日后的担忧和责任，迫不及待地想处理上述产业，因此在谈判僵持阶段，她不断地催促本人早点得出结论。当我将詹宁斯先生的开价汇报给她时，她表示很满意。”

自巴克斯石油公司创立以来，麦洛尼先生一直是公司的管理者，他不仅拥有公司的股票，而且与巴克斯先生合作多年。巴克斯夫人出售公司资产的谈判，他也作为代表参加了。对此次谈判，他也提供了书面证词，他这样说道：

“经过最后的协商，巴克斯夫人就公司工厂、无形资产及继承权出价 71 000 美元。不久，标准石油公司出价 60 000 美元，以购买巴克斯公司的工厂及无形资产，对于该公司的库存石油，则以市场价收购。对这个方案，巴克斯夫人表示接受，交易很快完成。

“谈判时，巴克斯夫人显得很急切，公司最后的出售价令她很满意。我在一年半之前就知道她欲将巴克斯石油公司的股票卖掉，与现在标准石油公司所出的价格相比，当时的价格要低上 30%～33%，但是，公司所出售的资产在这一年半当中并没有增值。我非常了解巴克斯公司的工厂及其价值，在那个时候，这样的工厂只需 25 000 美元就能建造起来。此次交易并不存在强制性行为，我们从未受过任何胁迫和恐吓。此次交易是在友好和公平的基础上完成的，巴克斯夫人对标准石油公司的出价很满意，因为那个价格要比所购产业的实际价值多很多，每个人都尽可能地考虑到她的利益。”

这件事情已经过去 30 多年，我认为标准石油公司对巴克斯夫人一直很友善，很细心，她没有接受我们让她保留一部分标准石油公司股票的建议，我感到很遗憾。

关于回扣

铁路回扣事件是在标准石油公司引起争议的所有事件中最吸引众人眼球的。我曾担任过俄亥俄州标准石油公司的董事长。1880 年以前，铁路公司出于商业考虑，的确给过标准石油公司回扣，这些回扣并不会让铁路公司赔钱。据我了解，铁路公司自始至终就没有按照自己公布的运费标准收取过费用，他们通常会将一部分作为回扣返还给托运人。他们是不愿让竞争对手或是其他铁路公司知道托运人到底支付了多少运费才这样做的。究竟返还多少回扣，要根据托运人和承运人之间的协商而定。

克利夫兰交通发达，铁路纵横交错，到了夏天也可以选择水路运输。俄亥俄州标准石油公司正位于这个城市，可以充分利用这些优势来与承运方讨价还价，以期降低运输成本。俄亥俄州的所有公司都会这样做，并不只有我们一个公司如此。标准石油公司为了压低运输费用，为铁路公司提供了很多便利条件。我们以高成本的装卸车设备大批量出货，以及保证稳定的货量，这样铁路公司就可以最大限度地利用铁路的运输力，创造更多的利益。保险由我们自己承担，铁路公司不用为火灾事故负责。铁路站点的设备也由我们出资建造，大大降低了铁路公司的运营成本。在签订合同时，铁路公司正是基于这些条件才给予我们特殊优待的。

铁路公司之所以向那些出货不稳定、货量比较小的公司收取较高的运费，是因为它从标准石油公司获得的利益要比那些公司多得多，尽管它给予标准石油公司诸多特殊优待。

铁路总是竭尽全力去扩大运输量，只有认识到这一点才能充分了解吃回扣问题。他们要与其他运输途径进行竞争，比如水路河运、输油管道等。铁路运输时刻遭受着这些运输途径的威胁，他们必须不遗余力，才能赢得竞争的胜利。标准石油公司与铁路公司的合作是一种双赢合作，既为铁路公司节约了成本，也使我们的成本降低了不少。因为除了向铁路公司提供我前面提到的条件之外，标准石油公司还提供快速装车卸车设备，出货量相当稳定。这一切都与商业的自然法则相符合。

管道运输 VS 铁路运输

铁路系统的一个强大的竞争者就是输油管道。而输油管道必然会得到普遍使用，因为与铁路运输相比，通过管道输送石油，成本要低得多。不过输油管道的建造成本比较高，石油的产量能否使这项投资获得收益呢？这是运用输油管道的一个关键性问题。经常会发生这样的情况，通过油田的管道建好了，可是油井却不出油了，这样一来，输油管道就只能废弃，投在建造输油管道的巨额资金就打了水漂。

很多情况下，铁路系统和输油管道两者是相互补充的关系，这种现象特别有意思。因为输油管道往往只能铺设一部分地区，石油走到管道的尽头，就必须由铁路继续输送了，直到将石油送到目的地。过去石油的输送全都交给了铁路系统，运费只支付给铁路公司即可。可是有了输油管道后，运费就要分两部分计算了，因为石油的一部分路程仍由铁路运输，一部分路程改用管道运输了。可是我们的运费是提前支付的，而且支付的是全程运费，这样一来，铁路公司就必须返还我们一部分运费。于是铁路公司就要反过来给标准石油公司一定的回扣。其中的计算方法极为复杂，但是针对这个问题，我还从来没有听到过一句怨言。

标准石油公司将石油委托给铁路公司运输，使铁路公司获得了很多收益，而标准石油公司的利润却不是来自铁路公司的回扣。为了给消费者节约开支，标准石油公司锲而不舍地努力降低运输成本，而这一举措使我们成功地占据了全球市场，因为我们的产品价格大大降低了。

买卖双方商议价格是一门艺术，高深莫测。每一个托运人都想使自己的运费最便宜。尽管我们投资建造了大量的码头设备，提供稳定的出货量，还提供其他一些便利条件，但是《洲际贸易法》通过后，听说一些出货量很小的小公司拿到的运费价格反倒比我们更优惠。波士顿有一位商人，聪明睿智，经验丰富，处事谨慎，时常担心他的竞争对手拿到的价格比他更优惠。我记得他曾就回扣问题这样说道："对吃回扣这种事情，除非我本人能获得较大的收益，否则我原则上是持反对态度的。"

J 第五章
JOHN DAVISON ROCKEFELLER

从事其他行业的经历

我不靠天赐的运气活着，但我靠策划运气发达。

投资其他行业

没有经过认真思考，我就踏入了铁矿石行业，这个决定与我的意愿相背离，因为它给我带来了烦恼和更多的责任。我是因为在西北的几次投资连连失败才决定涉足这个行业的。

当时我投资的行业多得连我也数不过来，比如采矿厂、钢铁厂、造纸厂、铁钉厂、铁路、木材厂、金属熔炼厂以及其他一些行业。我并不参与这些企业的经营管理，只是拥有它们很少一部分的股票。公司并不是都能盈利的。其实在 1893 年经济大萧条以前的几年间，就已经多多少少显现出通货膨胀的迹象了。当大萧条到来时，那些自认为很富有的人发现事实并非如此，这一现实实在太残酷，可是历经艰难的他们又不得不接受它。

这些产业的价值，我都是根据别人的调查进行判断的，它们中的大部分我都没有亲眼见过。其实，这些工厂的价值都不是通过我自己的了解来判断的，我认识的人当中有很多在调查这些企业方面比我强。

当时我已经有了退休的打算，这样的悠闲长假我已经盼望很久，然而大萧条来了，我不得不将这个想法一拖再拖。我很庆幸认识了从事美国浸信会教育协会相关工作的费里德里克·盖茨先生，出于工作上的考虑，他需要在全国各地频繁来往。

我认为在获得这些企业的第一手资料上，盖茨先生有可能帮助到我，因为他见多识广、聪慧机智，尽管他在工厂和作坊方面没有多少知识。于是我请他在去南部出差的时候，帮我调查一下我投资的一家钢铁厂，他正好路过钢铁厂所在的地方。

他交给我一份非常漂亮的报告，里面详细叙述了那个工厂的情况，不过大部分是不利的。又过了一段时间，他要去西部，我又请他帮我调查在那个地区的工厂，我只是那家公司的一个小股东。我将那家工厂的名称和地址写给了他。我一直以为那家工厂运营得很好，看了他提供的详细报告，才发现这家公司如果按照现在的状况运转下去的话，早晚得倒闭，这个真相着实令我震惊不已。

挽救濒临破产的企业

我想将这些令人头疼的事情交给盖茨先生帮我处理，于是我邀请他加入公司，希望他也成为一个商人，就像我一样。盖茨先生一直从事慈善事业，这是一项伟大而重要的事业，所以我们约定，他加入公司后还可以继续从事慈善事业。

在此我想向盖茨先生表达我对他的敬佩之情。他能力卓越，阅历丰富，深谙商业之道，而且活力四射。与此同时，他始终如一地坚持从事慈善事业，为社会带来了长远而深刻的影响，对人类具有长久而伟大的意义。他担任普通教育委员会的主席，当其他委员会举办活动时，他也积极地参加。为了给社会带来长远的利益，多年来他协助并组织了很多公益性活动。

这么多年来，我的个人事务一直由盖茨先生替我打理。我能经常去打高尔夫球，从事园林设计、种树，能享受其他一些人生乐趣，都得归功于他，他替我分担肩头的重担，陪我度过艰难的时期。在我们的教育捐助、医学研究和其他类似工作的调查方面，盖茨先生取得了很大的成功。近 10 多年间，我的儿子分担了盖茨先生的部分工作，最近斯达 · J. 墨菲先生也开始协助他处理事务。盖茨先生应该享受悠闲的生活了，他将自己的大半辈子都献给了我们的事业。

还是来谈谈我的那些令人闹心的投资吧。我所投资的任何一个企业，盖茨先生都进行了认真仔细的研究，并竭尽全力地去帮助它们渡过难关。公司申请破产管理必须付出昂贵的代价，会给企业带来相当严重的损失，因此，我们的原则是尽最大的努力不让那些公司走向破产。为了让企业走出困境，我们拟订了很多计划，比如提供贷款、改进设备、降低成本等。我相信只要肯花时间，付出耐心，充分利用一切机会，是可以帮助他们获得新生的。于是，我们始终本着小心审慎的原则去处理这些病入膏肓的企业的事务，尤其在 1893 年和 1894 年的困难时期，许多企业因此得以正常运转，并持续经营了好多年。或者出售自己的股份，或者购买其他人的股份，不管采用哪种措施，大多数的企业都没有走上破产、申请破产管理、丧失抵押品赎回权这些道路。

在解决这些麻烦问题的过程中，我们获得了丰富的治疗商业弊病的经验。俗话说："山重水复疑无路，柳暗花明又一村"。作为一个商人，只要小心谨慎地去经营，耐心地去努力，即使遭遇暂时的困境，看似走投无路，也照样会转危为安。我在这里再次重申上述话题就是想告诉大家这一点。不过，要使企业重获新生，必须具备以下两点：一、投入资金，要么自己出资金，要么从他人那里筹集；二、任何时候都不要违背商业的自然法则。

投资矿场

我们的投资还包括一些矿场的股份和一条铁路的股票和债券，投资那条铁路是为了从矿场运输矿石到港口。对这些矿场，我们信心十足，而铁路则是将其转化为利润的必要辅助条件，于是我们开始投资建造铁路。然而在 1893 年的大萧条时期，工业发展差不多全面崩溃了，在这个恐慌时期，仿佛只有我们才能使铁路重获新生，尽管我们只拥有一小部分股份。为形势所迫，我只得提供大量现金，这些钱都是以个人证券作为抵押向他人借的。我们不得不从起伏不定的金融市场购买急需的货币，以筹集足够的现金，紧急运往西部，用以支付铁路工人的薪酬。要想让他们继续工作，必须保证他们生活无忧。我们在大萧条时期的危机渐渐消退，形势慢慢稳定下来后才发觉自己处于什么样的境地。我们已经投资了数百万美元，可是我们的股票却卖不出去。这个时候所有人都在抛售股票。我们买到了很多股票，数量惊人——我们根本不用费什么劲儿就能获得几乎全部的股份——这也让我们支付了大量的现金。

这样一来，我们拥有了大量的矿场。有些矿场，挖一吨矿石只需支付几美分的成本。但是矿石的运输问题仍然是我们面临的主要问题，亟待解决。

我们尽力去扩大贸易的规模，以保护我们的投资。既然已经投入了这么多资金，已经无法回头了，就只有努力运营。我们干脆买下所有认为有价值的矿场。要获得利润，矿场才是关键，而铁路和船舶只是辅助手段。好矿不嫌多，我们坚信这一点。

然而，这些矿场却没有引起那些大的钢铁制造商的足够重视，对此我感到很奇怪。这些宝贵的矿区蕴藏着丰富的资源，而且在我们投资以前价格很低。既然投身其中，就要努力做好，我们要将矿石提供给每一个需要的人，为此我们将利用最先进、最高效的开采设备及运输工具。然后我们再利用所得收益去购买更多的矿场。

盖茨先生开始学习并经营采矿业及运输业，因为现在的他是多家拥有矿井和铁路的公司的总裁。事实证明，作为学者，他无比优秀；作为商人，他卓越不凡，充满智慧。差不多所有的事务都被他揽了过去，他只是偶尔询问一下我的意见。不过，我们曾有过很多化解危机、渡过难关的经历，我至今记忆犹新。

涉足造船业

虽然解决了铁路问题，但运输仍然满足不了我们的需求。很明显，我们必须拥有自己的船舶。对造船，我们知之甚少，所以我们决定求助于行业内的权威人士，这是我们的老习惯。这个权威人士也从事矿石运输业，经营较大，我们对他很熟悉。对他而言，我们是竞争对手。

盖茨先生与这位专家取得了联系，一天晚上晚餐前，他们一起来到了我纽约的家。他告诉我他没有多少时间，我说我们只需 10 分钟就可以谈好。事实的确是这样。这次与矿石公司的人见面是我平生唯一的一次。盖茨先生出席了之前所有的会议，在他看来，这项工作好像充满了快乐；将公司的事务交给他，我也相当放心。

我对这位专家说，我们希望他为我们承建最大型、最精良的船舶，因为我们想自己运输苏必利尔湖区的矿石。从某种程度上讲，这些船舶决定着我们的成败。现在载重上万吨的船只已经不鲜见了，但在那个时候，最大的船舶载重大约 5 000 吨，不过到 1900 年时，我们的船舶载重已达 7 000 吨或 8 000 吨。

毋庸置疑，这位专家说他不希望我们也从事矿石运输业，他自己也从事着这一行业。我们解释说，为了保护我们的收益，我们需要拥有自己的船舶进行矿石运输，使每一个销售环节更加完善，因为我们已经投入了大量的资金。我们之所以想与他合作，是因为我们觉得他能够为我们设计和建造最高效的船舶，还因为他是一个守信、率直的人，尽管他是我们最大的一个竞争对手。

聘请竞争对手

这位专家很固执，表示不愿与我们合作。但我们说，从事这一行，我们势在必行，只要他愿意帮忙，我们会给他提供非常优厚的酬劳。我们解释说，我们随时欢迎他的加盟，尽管这项工作已经有人承担了。经过努力，我们还是打动了他，他当场就接受了我们的请求，并签订了双方都很满意的协议。这位专家就是塞缪尔·马塞先生，克利夫兰人。他只在我家停留了几分钟，可就在这短短的几分钟里，我们给了他三百万美元的造船订单。这是我第一次见他，也是最后一次见他。我们充分信任马塞先生，尽管他是我们的一个竞争对手，他也从来没有令我们失望过，他是一个道德高尚的商人。

当时大约有 9 ~ 10 家造船厂分布在五大湖区的不同位置。这些船厂彼此独立，相互之间进行着激烈的竞争。它们的处境非常艰难，因为它们没有从 1893 年的经济大萧条中恢复元气，没有能力进行全面生产。很多员工犹如生活在寒冷的冬天，尽管当时还是秋天。基于这方面的考虑，我们决定在船舶的计划数量上再多造一些，尽可能多地为五大湖区的闲置劳动力提供就业机会。于是，我们请马塞先生写信给那些造船厂，以确定它们能够承建多少艘船舶，并在明年春天投入使用。马塞了解到，有些船厂能造 1 艘，有些能造 2 艘，总共是 12 艘。于是我们决定建造 12 艘船舶，全由钢铁制造，当时在五大湖区，我们的承载量是最大的。有的建成汽船，有的建成僚艇，用来牵引。这些船在设计上具有大致相同的规模，曾在五大湖区风靡一时，成为水路运输矿石的最好工具。

当然要建造这些船，需要投入很多资金。它们的造价本来还会更高，如果马塞先生一开始就宣布他要造 12 艘船的话。他处理这件事的方法，虽然已经过去很长时间了，或许很多人还没听说过，我也是很久之后才听说的。下面我想简单讲一下这件事。

每家造船厂都收到了一份马塞先生寄来的一模一样的计划书和说明书，马塞先生就是想让这些造船厂根据自己的情况投标造船的数量。这就给人一种错觉，认为马塞先生顶多准备造

2 艘船，每家造船厂都着急地要争取到这个项目，最起码也要争取到 1 艘船。

马塞先生在签订合同的前一天将所有的投标人请到克利夫兰。在办公室，马塞先生与他们分别谈话，商讨该项目的细节问题。投标人轮流走进办公室。马塞先生之前的态度让每个人都觉得自己稳操胜券。可是从马塞先生办公室出来的每个人，都面带笑容，一副称心如意的样子。事情似乎变得更加诡异了，每个人的心都提了起来。

最激动人心的时刻到了，马塞先生给在场的每个人都递了一张恭喜他竞标成功的便条，并说很快会与他们签订一份达到其工厂最大承建能力的合同。拿到便条的所有人都兴致勃勃地冲到休息室，打算将失败的对手好生安慰一番，可是大家都发现其实自己根本没有竞争者，每个人都拿到了合同。

这个发现让所有人都欣喜不已，没有人会因为无法向别人炫耀而沮丧。事情以皆大欢喜而画上句号。顺带说一下，后来这些人的公司合并成了一个公司，他们都成了同事。企业合并之后，我们购买船舶的价格更加统一了。

船务经理是个门外汉

这些船舶投产建造后，我们才算正式进入了矿石业。然而船舶的运营问题又提上日程，急需解决。我们希望马塞先生能帮助我们处理这件事，于是又一次向他发出求助信号。但是他脱不开身，他负责的事情太多了。有一天，我问盖茨先生：

“船只的管理问题该如何解决呢？怎样安排人手？哪个资深的公司能担当此任呢？你了解吗？”

盖茨先生回答说：“我对这方面的公司不太了解，我们可以自己运作啊，为何不尝试一下呢？”

“可是对怎样管理船舶运营，你并不清楚，不是吗？”

“是，我的确不清楚。”他承认，“不过我认识一个人，他或许能负责这项工作，虽然我担心你可能对他不满意。此人在船舶运输方面是一个生手，或许他分不清船头、船尾，分不清海锚、通风帽，但他守诚信、有上进心、思维灵敏、勤俭节约，而且判断力极强，能够快速掌握新的技能，哪怕是难度较大的工作。还要等一段时间船舶才能建成，我们可以现在聘请他，这样等船建成后，他就可以得心应手地工作了。”

我说：“好的，如果你认为他能够胜任，我们就聘请他。”

就这样，我们聘用了他——来自纽约布鲁恩郡的 L. M. 鲍尔斯先生。

对五大湖区的每一个造船厂，鲍尔斯先生都做了实地考察，并进行详尽的分析研究。没过多久，他就对船舶的建造提出了宝贵的意见，设计师对他的意见很欣赏，并予以采纳。从这些船舶第一次扬帆开始，鲍尔斯先生就全面负责船舶的管理工作。所有海员都很欣赏他的技术和能力。他还发明了一种锚，最先在我们自己的船队中使用，后来其他船舶也逐渐采用了，据说现在这种装置已经被美国海军使用上了。他一直负责管理船舶的工作，直到我们将这部分业务出售。此项业务售出后，我们又将许多其他方面的艰难任务交给他，每次他都能出色地完成。后来，他家人的身体不太好，他就在科罗拉多州常住，他能力不凡，办事效率高，现在的他已经是科罗拉多州能源及钢铁公司的副总裁了。

我们拥有大型船舶和铁路方面最有利的设施和资源。公司从最开始就运营得极为成功。我们大规模拓展市场，开展贸易，开采矿石，不断地往克利夫兰及其他港口输送产品。我们的船队不断发展壮大，最后发展成为一个有56艘大型钢铁船舶的船队。我很幸运，拥有众多朝气蓬勃、能力出众、忠实可信的代理人，替我承担了公司大部分的业务，所以我在这家公司上仍然没有花费太多的精力，就像许多其他我感兴趣的生意一样。对这些优秀的合作伙伴，我给予完全的信任，而他们也从来没有令我失望过。

离开矿石业

美国钢铁公司成立之前，我们的矿石业发展迅速，蒸蒸日上。这家公司的一位代表向我们表示，该公司想向我们购买土地、厂区以及船队。我们的生意正进行得如火如荼，我们认为没有必要在此时出售。可是这家公司认为我们的矿井、铁路和船舶在他们的战略规划中占据着不可或缺的重要地位。这似乎是一个伟大的事业，我们表示乐意促成它成功。我认为当时卡内基已经被他们说服出售他的产业。经过再三的协商谈判，我们接受了他们所出的价格，我们的包括矿井、船舶和铁路等在内的整个工厂都归到了美国钢铁公司的名下。我觉得我们所接受的价格非常保守，因为这些产业眼下的价值很可观，而且未来有很大的增值空间。

许多年来，这场交易让美国钢铁公司获得了丰厚的收益。我们也从该公司的发展中获得了利润，因为当时出售这些产业的大部分收入用以购买该公司的股票了。就这样，在矿石开采、运输、贸易产业摸爬滚打了 7 年的我彻底离开了这一行业。

遵从商业原则

从当时的形势来看，投资采矿业似乎没有多大前途。从事矿石业的经历让我对商业原则的重要性有了更加深刻的体会。如果有人能将我的回忆录读到这里，我会感到非常满足，同时希望我的经历能够给他带去收益。

要想在商界中获得成功，就必须遵从已经建立的商业原则。找到正确的方向，以合乎常理的模式进行运营，并坚持下去；不被眼前的小利所诱惑，不急功近利，不要在只能给你带来短期利益的事情上浪费时间与精力，除非你贪图一丁点的成功。目光要长远，在投入一项事业之前要确定这是一条通往成功的道路。令人难以理解的是，很多聪慧的商人将自己全部身家投在一个行业上，可是他对这个行业并不是十分了解。

任何行业都存在着风险，所以你要对自己的资金需求进行仔细的研究分析，坚强面对潜在的风险，尽可能地预见并规避这些风险。无论什么时候，都不要自欺欺人，回避现实。人不能只顾着赚钱，还要拥有远大的目光，否则不可能走向成功。商业成功并没有那么高深莫测。伟大的商业领袖一而再再而三地告诫我们，只有诚信经营，才能获得永远的成功，才能赢得众人的信任，这是一个再简单不过且不言而喻的事实，更是我们要贯彻始终的商业原则。只要你能够将每天的任务圆满完成，忠诚地遵从我所说的商业原则，并时刻保持头脑清醒，你就能够获得成功。或许您会谅解我如此老生常谈，假如一个年轻人能够比较冷静地阅读这本书，相信他肯定能做到“胜不骄、败不馁”，那么我也就不必再反复讲述了。

坦然面对大萧条

19 世纪 90 年代初期，我就想退休了。我从很小的时候就开始工作，一直到 50 岁，我认为自己应该摆脱繁忙的商业事务，去享受一下生活的其他乐趣，将自己的一生都用在赚钱上实在不值得。然而，1891 年和 1892 年的经济形势非常差，1893 年经济风暴降临，而我有很多投资是失败的，急需处理，前面我已经提到过此事。这两年每个人都忧心忡忡，举步维艰。谁能在这个时候心安理得地退休呢？不过在大萧条的这些年里，标准石油公司一直在正常运转并发展，因为我们一直奉行保守的经营模式，储备大量的现金。1894 年和 1895 年，经济形式趋于好转，我抓住这个契机，终于可以从公司的管理事务中脱身，从那时起，我几乎不再参与公司的具体事务了。

对 1857 年以来所有的大萧条时期，我都清楚地记得，但我认为 1907 年那次最为艰难。所有企业都受到了最为惨重的打击，一个也没能幸免。混乱、恐慌充斥着每一个角落，情况万分紧急，必须保证一些重要的企业能够继续运营，以免造成更加严重的后果。我和其他商人都应该感谢摩根先生，是他真诚地给予我强有力的帮助。他的地位极有权威，这一点毋庸置疑。他行事果断，雷厉风行，反应敏捷，人们从他身上看到了希望，重获自信。国内很多能力不凡、实力雄厚的金融家在他的带动下纷纷团结起来，鼓励大家重建对国家的信心，从而使经济逐渐恢复生机。

有人曾问我，我们能否从 1907 年 10 月的经济大萧条中快速恢复过来。我不是预言家，不能未卜先知，所以我拒绝回答这个问题。事实证明，最后我们很快就恢复过来了。这一暂时性的困难将使企业经营者认识到谨慎和保守的重要性，以后会身体力行这一经营原则，这正是我们需要的。经济大萧条不会磨灭我们的积极性，我们仍然会勇敢地创新。金融风暴也没有给这个国家的资源带来损失。从大萧条中逐渐恢复过来后，经济的发展将更加稳固。由此可见，耐心是一种美德，不论在商业上还是在其他事情上。

我想再次提醒大家，无论遇到什么困难，都要坦然面对现实，逃避是解决不了问题的。假如在管理方式上存在问题，要认请这个事实，并及时修正。任何人违背了商业原则，都不可能获得成功，忽视商业原则的存在，是一种相当愚蠢的行为。美国是一个睿智、卓越的民族，有着丰富的想象力，这样的民族根本无法轻易地背离动荡、严峻的现实环境，但是我们必须一如既往地自尊自强，坚守商业原则，这样才能在世界市场中巍然挺立。

J 第六章
JOHN DAVISON ROCKEFELLER

赠予是一门艺术

我要做金钱的主人，绝对不做金钱的奴隶。

赠予的精神价值

无论什么时候，赠予的快乐、对国家和人民的责任等话题都是社会的热点话题，很容易形成长篇大论，里面往往还会充满着世代沿用的套话和俗话，这一点毋庸置疑。

对这个话题，我想象不出什么新鲜的内容，这一点可能连那些极有天赋的作家也做不到。这个话题虽然有些俗气而老套，但我还是比较喜欢谈论它，最起码比谈论商业和贸易更感兴趣。对于企业而言，慈善活动有其实用价值，可以带来商机，人们通常会忽视这一点，但是它的真正价值却在于其背后所隐藏的内心的赠予精神。

人们应该将更多的时间、精力和金钱用在公众的福利事业上，在当下我们已经可以这样要求国家的精英们。慈善工作都包含些什么内容，我不会唐突地去定义。采取什么样的方式去做善事，每个人都有选择的权力，人们做慈善都是为自己而做的。在我看来，世上没有好的慈善与差的慈善，也没有狭隘的慈善与宏大的慈善，慈善事业没有固定的模式与内容。

很多人都存在一种误解，觉得财富是幸福的源泉，财富拥有得越多，生活就越幸福。其实，假如那些拥有巨额财富的人认为将金钱用于帮助他人，他们就幸福，那么这些人跟其他人也是一样的。

狭隘的富人思想

有些人花钱只是为了追求物质的享受，这种消费方式没有一点乐趣可言。人生的真正价值用金钱是买不到的，或许刚开始因为能够买到自己想要的东西而感到新鲜与满足，但这种感觉很快会消失。报纸上时常报道富人们挥金如土，享受着奢华的生活，在那里或许他们荣耀无比，但他们不会因此而感到快乐。金钱可以买来山珍海味，却买不来好胃口；金钱可以买来绫罗绸缎、珠光宝气，却买不来人们的尊敬与爱戴；金钱可以让他们生活得比别人奢侈，但并不能使他们的痛苦比别人少。从诸多富人的生活经历，我得出一个结论：只有爱上赠予，投身公益，造福社会，才能实现财富的真正价值，才能感受到真正的满足。

很多商人认为他为一些或很多人提供了稳定的工作，为员工创造了好的工作环境、新的机遇，经常鼓励员工努力工作，这样就已经为社会做出了贡献，创造了财富。然而，只关心员工福利的人往往不能获得人们由衷的尊重。能够按时发放薪水的企业并不一定是好企业，以薪水的发放来判断一个企业的优劣，是非常狭隘、局限的。

慈善的深远意义

慈善不同于我们平时所说的善良，它有着更深远的意义，就是造福人类，传扬文明，传递健康、正义和幸福。我认为，这种慈善指的是有能力为员工提供优厚的薪酬，拓展和展现现有资源，为员工创造健康良好的工作环境和职业提升的机会，这就意味要着投入大量的时间、精力和财富。这样才能为社会带来长久的收益，这样的结果是单纯地付出金钱所无法比及的。

我常常在想，这种观点假如成立的话，慈善事业将包含更加广泛的内容，其范围将更加广阔。有人将日常工作与慈善事业看作两个不同的事情，对这种认识我不予赞同。如果一个人只有在星期天才抽空出来发发善心，是无法为慈善事业做出大贡献的。

这些繁忙的商人最能为慈善事业提供有力的帮助，所以我才多次提起他们，还请大家能够理解。我认识一些热心慈善的人，他们全身心地投入到发展企业上，将发展事务作为自己长期的责任；他们接手前途未卜的企业，带领这些企业走向成功；他们冒着极大的风险和猜疑，但他们仍然坚持走下去。促使他们这样做的动力并不仅仅是个人利益，而是一种崇高的精神动力——造福人类。

为社会谋福利才能成功

我想给刚刚踏入社会的年轻人提一点建议：如果你理想远大，有雄心，想成就一番不凡的事业，那么千万不要妄想以欺骗和阴谋诡计来进行你的事业，不管你是某家公司的雇员还是自主创业者。当你选择自己的发展方向或职业时，首先想一下自己从事何种工作才能发挥最大的作用，在什么位置才能更有效率地工作，为社会创造更大的财富。假如你心怀这样的想法去选择自己的职业，踏入社会，就意味着你向成功已经踏出了重要的一步。

有调查显示，无论在我国还是在别的国家，那些对国家经济发展产生深远影响的人，通常是国家中拥有巨大财富的人。他们对祖国的发展信心十足，并竭尽全力去开发国家资源，推动国家的经济发展。成功必将属于那些为社会做出巨大贡献的人。公众的需求决定着企业的成败，公众需要的商业企业将越来越强大，公众不需要的商业企业必定失败。

另外，重复投资，在没有一点价值的竞争上浪费时间、精力和金钱，是商人最应该避免的事情。这种浪费极其糟糕、恶劣，比浪费更浪费。如果已经有一家产品价格低廉、足以满足公众消费需求的工厂，那么再去建立一家同样性质的工厂便是一种浪费，不仅浪费了国家的资源，还会阻碍国家的繁荣发展，夺走劳动者的生计，并造成一连串的社会问题。

我国存在着很多重复投资，有很多人喜欢将时间和金钱花费在建立竞争性的企业上，而不是用在开发新的领域，投资到社会所需要的行业。这或许是美国人民进步和幸福生活的最大障碍。踏着前人的成功脚印前进，并不能给你带来成功，要想成功，必须寻找、支持或开发新的行业。社会的发展需要创新思维。当前我们的国家正处于迅速发展的阶段，处处充满着机遇。如果只顾谋取自己的利益，而不关心社会的进步与人类的幸福，必定会走向失败。而且他们的失败会使一些无辜的人失去生活来源，使他们生活在困苦之中，这是非常遗憾的事情。

为社会慷慨解囊

在这个世界上，那些穷人们或许是最大方的人。面对生活的苦难，他们一起努力，相互鼓励，并肩奋斗。邻里之间相互帮扶，一人有难，邻居都来帮忙，出租屋里的母亲病了，邻居就来帮她照看孩子；父亲失业了，生活拮据的邻居仍会分食物给他的孩子。我们时常会听说这样的事情：朋友病故，穷人虽然生活极为困苦，但是仍然坚定地收留了朋友的孩子，义无反顾地将其养大。缺衣少食的穷人们尚且这样做，富有的人更应该出钱出力，伸出援助之手。自古以来，犹太人就有向慈善事业捐献十分之一财产的戒律。然而，捐献十分之一的财产对有些人来说很容易就能做到，而对有些人则是无法完成的事。赠予的意义不在于数量的大小，重要的是心怀这种精神。每个人都能去帮助他人，哪怕是最贫穷的人也一样，不要因为赠予的数额小而觉得难堪，我可能又在重复老套论调了。

我从小接受的是比较古板的教育，但是当时的社会文化教育年轻人定期捐赠自己挣得的钱，令我非常感激。这样做可以让孩子从小便懂得，帮助他人是每个人应尽的责任与义务。然而，因为当时的许多奢侈品在今天已经变得相当平常了，所以培养这种意识变得越来越困难，这一点不得不承认。人们很难再获得那种非金钱所能带来的快乐。与赚钱所带来的感受相比，捐赠则会带来更多的快乐与满足感。我这一生最大的希望，就是建立高效的赠予机制，用我的财富最大限度地为我们的社会和后代子孙谋福利。

捐赠金钱和提供服务也许是不同的。如果穷人遭遇了不幸，捐赠者不仅可以捐赠金钱，还可以通过了解他们的情况去帮助他们解决实实在在的困难，如此一来，他的捐赠将更有意义。如果不受生活所限，捐赠者则可以更加科学地去看待分析这个问题。不过最后的结果是相同的，那就是在了解援助对象的状况后提供帮助，这样他所捐献的金钱将发挥更大的作用。

在许多高尚而无私的人的经营管理下，医院不断地向公众传递健康的福音。医学研究者的工作同样不可小觑，他们找出病痛的根源，研究出治疗的方法，无数病人因此而摆脱病痛的折磨。

病残人士总是能够轻易激发人们的善心，可是那些寻求病源、寻找治疗方法的医学研究者的工作同样重要。他们的研究能使病残人士摆脱疾病的折磨，却往往不能争取到足够的资金进行研究。前者轻而易举就能激起人们的同情，而后者则需要费尽心思打动他人，才能争取到研究赞助。不过，我觉得我们对科学研究方面的资助正在逐渐进步。当今时代，人们的慈善意识越来越强，那些从事科学研究的人将会获得越来越多的资金援助。他们勇敢无畏，为科学事业奉献一生。例如，有些人不顾自己的生命安全，全身心地投入到黄热病的研究当中，他们的勇敢和奉献精神将给子孙后代带来福利。也正是在这种精神的激励下，我们的医疗事业获得了蓬勃发展。

资助科学研究

人们在这方面能牺牲到何种程度？科学工作者们每年都奋不顾身地投身于研究当中，为人类发现新知识，提示科学的真相，刷新人类的认知记录。我有时会想，总有些人无所顾忌地指责这种行为，他们自己做了些什么，他们仔细考虑过吗？他们就会站在一起不痛不痒地说些风凉话，让他们投身艰苦的工作，遭受磨难，获得权威的地位，他们能做到吗？

就拿我来说，我从来不敢对那些工作在我所不了解的领域里的专业人士说三道四，就算是同处一个领域，我也没有胆量随便评论那些经验丰富的专家，我就是一个淡定的旁观者。

科学家们用活动物做实验这一行为遭到很多人的指责。他们打着捍卫动物的旗号，到处呐喊呼号，言辞真切，煽动着人们相信用动物来做实验是一种恶劣的行为。人们对纽约洛克菲勒医学研究院的西蒙·费勒克纳尔博士进行了狠辣的谴责和歪曲的新闻报道，令人很无奈。最近，医学院在费勒克纳尔博士的带领下，成功研制出流行性脑脊髓膜炎的治疗方法。是的，为了研制这一治疗方法，大约 15 只动物牺牲了，其中大部分是猴子。但是这些牺牲动物将挽救无数人的生命。像费勒克纳尔博士这样的致力于造福人类的人，会尽力减轻无辜的动物的痛苦，也绝不会让它们白白牺牲。

在这里我想赘述一下我的一个同事写信告诉我的一个故事，这是一个尽一切能力挽救儿童生命的故事，这个故事深深地感动了我。费勒克纳尔博士有一位同事，名叫亚力克西斯·卡雷尔博士，他医术高超，取得了卓越的成就，而这一切得益于他持之以恒的试验和丰富的临床经验。

一次出色的外科手术

亚历克西斯·卡雷尔博士在研究一些很有意思的实验性外科项目，而且在动物器官和血管的移植方面已经取得了成功。最近他开始在人体上使用这种技术，成功挽救了一个婴儿的生命。这次手术在纽约医学界引起了轰动。去年三月份，纽约一位年轻的外科医生生下了一个患有先天性疾病的婴儿，血液从血管中渗出，流入身体的组织。患有这种疾病的婴儿往往会因内出血而死去。这个婴儿出生五天后便开始失去生命迹象。婴儿的父亲和叔叔——也是这个领域中极为优秀的专家——会同其他几位医生一起会诊，但是全都束手无策，找不到解决的办法。

恰好这位父亲曾与卡雷尔博士共事过，对他正在研究的工作印象深刻。他觉得直接输血或许可以挽救他孩子的性命。可是当时这种手术只在成人身上进行过，婴儿的血管太细，实施这样的手术成功的概率极小。手术中，两个人的血管必须紧密相连，血管的内膜也必须完全黏合。血液与血管的肌层一旦接触，就会凝结成块，阻塞血液流通的通道。

值得庆幸的是，卡雷尔博士曾在一些幼小的动物身上进行过此类实验。这位父亲相信，在这个国家，只有卡雷尔博士能够成功进行这个手术。

卡雷尔博士赶到的时候已经是午夜了，这位父亲对卡雷尔博士说，不管怎样，孩子都可能保不住了，只请他做最后的努力。卡雷尔博士对父亲的预测也很认同，但还是当场答应动手术。

父亲为孩子提供血液。两个人都不能使用麻醉药。这么小的孩子，只有腿后的一条静脉血管相对粗一些，可以用来输血，只是血管所在的位置特别深。在场的一位优秀外科医生找到了这根血管。但他同时还发现，这个孩子的生命迹象已经消失，已经死亡至少10分钟了。见此情形，这位医生问是否还有必要进行手术，这位父亲坚持继续。于是外科医生在父亲手臂上打开一个6英寸的口子，拉出桡动脉，与婴儿的静脉血管连接起来。

后来，这个外科医生称这次手术为“铁匠活儿”。他说，婴儿的血管小得如同火柴，而且极为脆弱，就好像一片湿了的香烟纸，怎么看，这两条血管也不可能连接起来。尽管如此，卡雷尔博士仍然成功完成了这项伟大的工程。这是外科史上的一个奇迹，在场的医生无不赞叹。血液从父亲的动脉慢慢流入婴儿的身体，有1品脱[①]左右。婴儿逐渐出现了生命体征，一抹粉色出现在一只耳朵的上部。接着，已经发蓝的嘴唇也红润起来，突然，婴儿的身体开始变成粉红，犹如受到芥末刺激一样放声啼哭。手术大约进行了8分钟后结束。手术完成时，婴儿已经开始哭着要东西吃了。然后他开始正常地吃饭睡觉，并

① 1品脱=568.26毫升。

且慢慢康复。

后来在奥尔巴尼立法委员会会议上，这位父亲反对上次会议中没有得到解决的限制动物实验的法案。他说到了这个故事，并说，他当初看到卡雷尔博士的实验时，完全没想到这些实验这么快就可以挽救人类的生命，更加没想到，挽救的还是自己孩子的生命。

助人自助

假如每个人都能够相互帮助，这个世界的很多罪恶根源都可以根除。助人自助是一个非常重要的助人原则，再次提及这个话题并非没有一点意义，它虽然是一个老生常谈的话题，但是仍然被很多人忽视。

我们自己为自己做的事情才是真正使人受益的事情。天上掉馅饼，往往不是福而是祸。正因为此，我们才极力反对投机。反对投机并不是因为投机往往让人失去更多，远比得到的多——尽管事实的确是这样——而是因为投机成功的人，成功带给他们的伤害远远超过失败带来的伤害。

同样的道理，在金钱或者其他物质的赠予方面，得到的越多，遭受的挫折可能也越多。要想让接受赠予的人真正获得利益，唯一的办法就是帮助他们学会自己克服困难。疾病研究专家说，越来越多的数据显示，人体内部拥有抵制疾病的抗体，病毒只有在这些抗体低于正常水平的时候才会肆无忌惮。因此，只有提高自身的机能才能更好地抵御疾病。如果得了病，就努力提高自身的防御机制，这是战胜病魔的最好办法。同样的道理，一个人的失败差不多都是因自身的不足造成的，即身体、精神、性格、意志力或性情方面的缺陷。要想克服这些缺陷，以免再次失败，就要完善自己，寻找导致失败的根本原因并加以克服。要想不断进取，赢得成功，就必须不断努力，完善自己。

人人都希望自己永远幸运。有些人受利益的诱惑，几乎完全丧失了人性，这些人要是成功了，那么我们的整个文明将陷入无底的深渊。我始终坚信，一个人的经济地位是由他的性格决定的。

一个人，要想更加广泛地扩散财富，只有将美好的品质广泛传播出去，并帮助他人建立完善的人格。一个人如果身体健康，思维敏捷，品格高尚，意志力强，那么他必定能够成功，绝不会生活于窘困之中。不过这些品质只有通过自身的努力才能获得，而别人能够为他做的，正如我所说的，只能是帮助他自助。

用于帮助人类进步的资金毕竟是有限的，我们务必不断地这样提醒自己。所以，任何支出都务必用在刀刃上，使其发挥最大的价值，这相当重要！

我曾真诚地表示过，在商业中，我赞成企业基于减少浪费、资源优化的原则进行适当而公平的合并与合作。资源的浪费表示实力的减弱。我真诚地希望，这一商业上的原则同样适用于慈善事业。合并与合作不仅是商业发展的趋势，能够帮助企业应对越来越复杂的形势，而且对那些投身于为人类创造福利的人来说，也是一种有效的方式，具有强大的吸引力。

一些基本原则

在此记录一些基本原则，很可能会让这一章变得枯燥乏味，有人曾告诫过我，就算是最笨拙的作家都不会使用这种写法，尽管如此，我还是坚持这样写，因为这些原则是我所有的人生及事业规划的基石。这么多年来，我正是在这些原则的指导下展开工作的，没有这些明了而连续的纲领，我也不可能在慈善事业上取得建设性的发展。

在这些原则中，我认为制定条理分明的计划极为重要。

大概在 1890 年的时候，我进行的慈善活动没有一点条理性。在慈善事业上，我摸着石头过河，只要有需要，我就慷慨捐助，既没有明确的指导原则，也没有确定的目标和方向。

慈善事业的不断发展使我意识到自己的做法确实独木难支，必须像建立生意上的业务部门一样，建立一个专门处理这些事务的部门，才能推动这项事业的发展。下面我所讲述的一些基本原则是我们那个时候制定的，至今仍在继续遵从，我希望这些原则能够传承下去，并发扬光大。

这样一个私人的问题或许不应该在这里大谈特谈，我认为这不太妥当。但是我并不感到惭愧，因为大部分的工作和想法都是由我的家人和同事完成的，他们愿意为慈善事业奋斗终生。

每一个正常的人，无论他有没有意识到，在他自身都有一套生活哲学。总有一些指导原则隐藏于他的思想深处，指引着他的生活。一个人，无论他的力量多么薄弱，也不管通过什么方式，都应该将为人类进步贡献自己的一分力量作为自己的人生目标。

诚然，一个人应当致力于利用自身的资源，努力推动文明的发展。然而，问题是文明是什么呢？文明进步的推动力是什么呢？这个问题也是我们一直以来努力研究的。如果你走进我们的办公室，向我们的慈善委员会或投资委员会询问文明是什么，他们会说：文明是由以下几个要素构成的：

一、物质生活的进步，比如人们的吃穿住行，卫生、健康等方面的完善，商业、制造业的迅速发展，公共财富的不断增加，等等。

二、政府能力的增强和法律的进步，也就是法律赋予每个人公正和平等的权利，最大限度地捍卫个人的自由，并保证法律能够公正有效地执行。

三、文学及语言的进步。

四、科学与哲学的进步。

五、艺术与品位的进步。

六、道德与宗教的进步。

假如你问他们在这些因素中哪个是最基本的因素——事实上他们经常被问到这个问题——他们一定会回答，这个问题属于学术范畴，各因素都是相辅相成的，说不上哪个重要哪个次要。不过，从历史的角度来看，第一个因素，也就是物质生活的进步，总体上而言先于政府、文学、知识、品位、宗教的进步。它是建立整个文明的基石，尽管它不是最重要的因素。缺少了这一基础，文明大厦必然倒塌。

因此，我们尽一切可能去改善人们的生活条件，我们做了各种投资，生产更多、更廉价的产品，为人们创造更加舒服的生活环境。我们并不觉得自己做出了牺牲，也不想因此而获得好评，这些投资已经为我们带来了最大、最保险的回报。我们在生产便宜产品、获取生活资源、普及生活必需品等方面都超出他们很多，虽然在其他许多方面我们还没能追赶上他们的步伐。

也许有人会问：既然说这些福利属于全人类共同享有，为什么大部分财富仍然汇聚到一小部分人手中呢？我认为，尽管富有的人掌握着大量的财富，但他们不会将这些财富据为己有，也不能独自享用。他们的确拥有大批产业，并掌控着投资权，但他们与这些产业的关系也就仅限于此。财富通过投资散播到各个领域，并不断转化为工人的薪酬。

时至今日，管理资金的最好办法仍然是个人所有。或许我们可以把钱存入国库或各个州的财政部门，但是，以往的经验告诉我们，任何法律都保证不了这些资金能够得到比现行方法更有效的管理，任何措施也保证不了它们能够得到更加合理的分配。因此，富有的人有维护资产法定权利的责任与义务，在比他们更有能力管理国家资金的一个人或一群人出现之前，他们必须管理好自己的资金。

对于后面 4 个因素，也就是政府与法律的进步、语言与文学的进步、科学与哲学的进步、艺术与品位的进步，我们认为高等教育可以促进它们的发展。于是我们在国内外投入大量资金用于建立各种形式的教育机构。这些机构不但向人类传播现有的知识，也尽力去鼓励创新，推进新的科学领域的发展。

某一个学术机构的知识传播能力是有限的，也只能影响一部分人。但是人类知识领域会因为新的发现而得到全面扩展，任何学术机构都能够享用这些新发现，并最终服务于全人类。

我们的委员会正不断地向新的领域拓展投资。资助那些我们感兴趣的事业并不能使我们感到满足。我们认为，我们对某个项目感兴趣，并不是因为它们的价值，或许还有很多更有意义的事业，只是我们还没发现罢了；或许还有一些创新的个人项目没向我们提出资助申请。因此，我们的委员会虽小，但也不会只向那些上门寻求帮助的机构提供资助，而对其他项目视而不见。对各个领域，委员会进行了充分的研究，寻找那些最能推动人类文明进步的项目贡献我们的力量。我们会去任何一个需要这种机构的地方创建它。我们不断地向新的领域拓展，这就需要大量的人才，以及更加充分的研究。

一直以来，这些慈善事业都是我快乐的源泉，深刻地影响着我生活的方方面面。之所以在这里提及这个话题，是想重新强调一下生活中给我们带来深远影响的事情：不管你的孩子是男孩还是女孩，都要与他们保持密切的关系，耳濡目染间他们就会受到深刻的教育，从你的一举一动中学会承担责任。我自小就接受父亲的这种教育，所以我还试着这样教育我的孩子。多年来，我们一直保持着一种习惯：一起查收信件，记下必须要做的善举；一起研究一些有意义的资助请求；一起关注我们都感兴趣的慈善机构，共同学习慈善事业的历史和发展。

第七章

JOHN DAVISON ROCKEFELLER

慈善事业的合作原则

我一直在为自己的破鞋子懊恼，直到我遇到一个没有脚的人。

慈善走向联合

我在上一章讲述了更加有效地从事慈善事业的基本原则，在这一章我想谈谈多年来我一直推崇备至的慈善事业中的合作问题。

商界中的企业联合能够有效减少浪费、优化资源配置，为企业创造更多的利益，为什么不在慈善事业中使用这种方式呢？从安德鲁·卡内基先生同意加入普通教育委员会来看，教育慈善事业中的合作理念已经向前迈进了一大步。我认为，他已经肯定了委员会的通过合作方式资助我国教育机构的理念，他接受委员会理事席位的这件事足以表明他的态度。

卡内基先生用自己的财富资助那些生活穷困的同胞，我们每个人都应该感谢他。他为第二故乡的公益事业做出了巨大的贡献，为子孙后代树立了光辉的榜样。

系统、科学地解决全国各地教育事业存在的问题，以推动相似组织的良性发展，是普通教育委员会组建的目的。卡内基先生现在已经加入了委员会。这个组织最终能做出多大的成绩，谁也不知道，可是从目前的情况来看，用这种方式经营管理，它肯定能创造非凡的成就。我对这个组织非常有信心，尽管我不是理事会的成员，也从没参加过他们的会议，一切工作都是由其他人完成的。

经过多年的努力研究，委员会在更为广泛的领域中筹划了一些更大的项目，这些项目现在正在逐渐成形。值得庆幸的是，每一项大型慈善事业都拥有一批杰出的、无私的、热衷于公益事业的人才。这些人尽管工作繁忙，但都愿意抽出时间，为人类进步事业献计献策、出钱出力，从来不求回报。医生、牧师、律师以及各界的重要人物，都在为我们的慈善项目无私地奉献着自己的力量。

这样的例子不胜枚举，罗伯特·奥格登先生就是其中之一。他多年来一直从事着繁忙的商业活动，尽管如此，还是挤出时间来从事教育慈善事业。他解决了很多艰难的工作，最值得一提的是改善了南部的公共教育体系。他有活力，有智慧，而且始终遵从基本原则，他在慈善工作中的成就必将深刻影响着后代子孙。

幸运的是，对于慈善事业，我的孩子也是充满热情，跟我一样，而且比我更加勤奋。关于金钱，我们的看法相同，都认为钱要取之有道，用之有道；与挣钱相比，花钱要投入更多的精力。

对美国高等教育机构的选址、目标、工作、资源、管理、教育理念以及现状和前景进行研究，是普通教育委员会一直以来的工作重心。对全国的各类需求和机会，委员会进行了最为谨慎、透彻的研究，平均每年要花费约 200 万美元在这上面。委员会的这项调查记录会向社会全面公开，乐于向教育慈善事业提供捐赠的人可以从这些记录中查询到他们想要的信息。

为了支持教育机构的发展，我国向教育机构捐款的人越来越多。但是，向那些选址不当、效率低下而又多余的学校捐款纯属浪费资源。从有些人对这一问题的研究中发现，假如将用于那些失败的教育项目上的资金妥善使用的话，完全可以建立一套完整的国家高等教育系统，我们的需求将得到极大的满足。

很多向教育事业提供赞助的善良人士在捐赠前，或许都会对他们所要资助的项目进行认真仔细的调查，包括项目的管理、选址以及周围其他机构的配套设施。如此周密的调查，个人几乎无法完成，他们或者缺乏相应的信息渠道和专业素养，或者对细节考虑不周。然而，普通教育委员会就不同了，委员会的官员拥有相应的专业知识、工作技能和情感支持，而且受过专门训练，将这样的调查工作交给他们，将会取得事半功倍的效果。

目前，狭隘的排他主义已经溃不成军，逐渐破裂，来自各个行业的杰出人士正在联手，共同完成人类进步的伟大课题。

借鉴他人经验

说到这里，我不由得想起了罗马天主教，在慈善事业上，他们取得了令人瞩目的成绩。一笔有限的资金交到牧师和修女手中，会发挥更大的效用，对此我感到非常吃惊。当然，我对其他慈善机构的出色表现也非常佩服。但是，同样一笔资金在罗马教堂的支配下，所发挥的功能要比在其他教会大得多。由此可见，组织原则是非常重要的。罗马教堂在几百年间形成了强大的组织力，对此我觉得没有回顾的必要了。

对这些问题，我始终怀有浓厚的兴趣。我的助手们建立了一个大规模的、专门负责调查我们接到的资助申请的组织，他们就在我们纽约的慈善委员会办公室工作。这项工作一个人根本无法完成，合作在此显然尤为重要，我曾多次强调这一点。每天，我们收到的信件多达几百封，这个工作量是巨大的，我不可能一个人处理所有人的申请，这是再明显不过的事情。

经过不断的实践摸索，我们制定的许多方案得到了完善。我们在项目上取得的成功，几乎都是多年经验积累的结果，这项事业是由众多热心人士共同完成的。

捐赠原则

由于我们每天都会收到大量的信件，于是我们专门成立了一个部门来负责这项工作。工作人员对这些信件进行阅读、分类、调查。我们原以为这项工作非常繁重，其实工作起来后才发现并没有我们想象的那么艰巨。

这些信件来自世界各地，内容五花八门，讲述了写信者各自的困难与遭遇。然而，其中五分之四都是申请捐款用于他们个人。写信人只表达了他们的感激之情，再没说别的。

不过，仍然有一些很有价值、值得关注的申请，这些申请大致可以分为以下几个类型：

一、来自地方慈善组织的申请。来信人都是慈善组织所在地的好居民，他们在慈善组织的呼吁下，团结朋友和乡亲，写信提出捐款申请，以帮助当地政府。但是，这些地方慈善组织、医院、幼儿园及类似机构，不应该在别的地区发起募捐，而应该由本地的人民——他们对当地的需求最为了解——来承担。

二、来自全国各地甚至全世界的申请。这些申请是向全国范围内那些财力雄厚的富商提出的。这些人的财富除了能够资助当地慈善事业，还能够进行更多的慈善捐助。在世界性的慈善组织中，有很多大型的基督教组织和慈善组织。那些比较著名的富豪经常会收到来自世界各地需要捐助的人的请求，而聪明谨慎的捐赠者往往会选择那些值得信赖的大型组织，作为帮助他们分配捐资的媒介。我一直在这样做，事实证明，这样做是非常聪明而理智的。

多年来的实践证明，一个掌握着全面信息的组织最清楚将钱花在什么地方所发挥的作用最大。比如，传教士为了一个特定的目的向富豪申请捐助，比如建医院。这样的项目一般需要 10 000 美元，基于合理的募捐原因，富豪当然会捐赠这笔钱。而这位募捐的传教士是某个势力强大的宗教派别的成员。

如果宗派委员会的负责人得知了这个资助申请，他会发现这个地区并不需要建一所新的医院，附近已经有了一家医院，只要稍加联系，这个教区的就医问题就能解决。这笔钱对另一个教会而言则更加重要。这些情况，各个传道站的负责人都一清二楚，可是捐赠者却一无所知。我认为，最明智的做法，就是在捐赠之前，先去向那些掌握全面信息的人咨询一下。

在面对自己的社会责任时，很多成功者企图找一些理由来寻求心安。这是一个非常有意思的思想过程。比如，有人会说：“我不相信街上的乞丐，不会把钱捐给他。”我对这类乞讨行为也不太相信，赞同这个观点。但是我们仍需贡献自己的力量，帮助这些以乞丐为代表的人改善生活环境，不相信乞丐，不向这类人的索取低头，不能作为逃避责任的理由，我们正是因为此而必须加入并支持社会慈善机构。对于这一阶层，慈善机构能够做出公正而人性化的判断，能分辨出哪些是骗取同情的人，哪些是真正需要帮助的人。

还有人说：“听说我们将钱捐赠给某某委员会后，只有一半甚至更少的钱进入真正需要的人手里，所以我不相信这个委员会。”事实证明，这种说法有些片面。就算这种现象真的存在，捐赠者也不能逃避应有的责任，而应该帮助这些机构更有效地开展工作。人人都应该承担社会责任，任何借口都不能成为握紧口袋、逃避责任的理由。

彼此相关的机构

在慈善事业上同样要慎重，不可搞重复建设，而应该加强、完善那些已经开始运营的项目。可是社会上还是存在很多重复建设的例子。确定某个领域是否已经饱和是慈善事业最大的困难。很多人在捐赠前，根本不去考虑某个领域是不是已经饱和，只是简单地考虑他们所捐赠的机构的管理是否正规、严格。这种做法是错误的。捐赠时不仅要考察你所捐赠的机构，还要考察同一领域存在的所有相关机构。下面我来举一个例子。

一群热心人士想建立一家孤儿院，某个强大的宗教将管理这个孤儿院。募捐活动开始后，其中一个捐款人在捐赠之前，总是先了解该项目的详细情况。他向这个机构的组织者询问，这个社区已存在的孤儿院共有多少张床位？情况如何，分别在什么地方？哪个层次的孤儿院这个社区还没有？

组织者对这些问题一无所知，于是这个捐赠者决定自己调查，使这个项目能够更有效地发挥作用。经过调查，他发现这一领域已经饱和，这个城市已经存在很多类似的机构，床位的数量远远大于需求。他将调查信息告诉了项目的组织者，说这里完全没有必要再兴建一家孤儿院。我希望后来他们取消了这个计划，然而事与愿违，计划照常进行，因为人们在善心勃发的时候，往往不去考虑方案是否合理。

这种机械、死板的工作方式往往忽视个人努力的价值。在我看来，协同合作的工作团体理应加强和推动个人的积极性，而不是忽略、抑制。协同合作在慈善事业中正在逐渐发展，而广义上的慈善精神也应随之加大推广力度。

重视高等教育

在慈善事业中，那些与主流意见不合的人无疑会招致很多非议。日常生活中最表层的需求往往最能引起人们的关注，而那些隐蔽的更为重要的需求却被人忽视，比如高等教育的资助申请是非常重要的。从某种意义上讲，贫困和犯罪往往源于无知，所以我们需要提高教育水平。任何新发现、新发明都是人类共同的遗产，所以在任何领域，只要我们协助推进高等教育的发展，都将深刻地影响着人类的认知水平。高等教育极其重要，我们不能忽视。

无数事实证明，大部分科学、医学、艺术、文学上的不凡成就都是高等教育产生的结果。终有一天，某个优秀的作家将向我们展示，这些东西是怎样满足所有人的需求，使生活质量逐渐提升的，无论受没受过教育，也不管社会地位是高是低，是穷人还是富人，高等教育的发展将使所有人得到好处，使生活更加符合我们的愿望。

在慈善事业中，不断地探索事物的终极性，追寻根源，尝试着将罪恶扼杀于萌芽状态，才称得上是最成功的慈善。我之所以对芝加哥大学抱有浓厚的兴趣，是因为它不仅具备一所大学所应具备的一切综合素质，而且非常注重科研工作。

威廉·R. 哈珀博士

芝加哥大学可谓是一所前途无限的年轻学府，一提起它，我就会不由自主地想起威廉·R. 哈珀博士。他为学校倾尽一生，为芝加哥大学做出卓越的贡献，创造了无比辉煌的未来。

我第一次见到哈珀博士是在瓦萨尔学院，当时我的一个女儿在该学院读书。哈珀博士经常受院长詹姆斯·M. 泰勒博士的邀请去瓦萨尔学院讲课，那个时候，我几乎每个周末都在那里度过，于是经常与这位年轻的耶稣教授碰面，我经常与他交谈，他对工作的热爱在一定程度上也传递给了我。

芝加哥大学建立后的第一任校长便是哈珀博士，我们雄心壮志，立志聘请最出色的教师，创办一所不受旧俗约束、采用最新的教育理念的大学。哈珀博士不仅从芝加哥以及中西部民众中募集了几百万美元，同时也得到了当地一些知名人士的支持和赏识。他既获得了物质上的资助，又得到了忠实的支持和强烈的个人兴趣——这是一种最好的帮助和合作，哈珀博士的过人之处正在于此。他完全没有想到会取得如此大的成就，他在大学教育上的崇高理想激起了中西部地区推动高等教育的积极性，带动了个人、宗教组织、立法机构联合起来，共同为高等教育做出努力。现在的人们也许再也无法想象，从某种程度上讲，目前中西部地区在大学教育上的显著成绩要归功于这位教育家的睿智与付出。

哈珀博士不仅能力卓著，管理才能出众，而且具有不凡的个人魅力。他在工作之余经常带夫人到我家做客。生活中，他是一位十分令人愉悦的好朋友，我们一起度过了很多愉快的时光。

能为哈珀博士担任校长的芝加哥大学捐款，我感到非常幸运。但是，报纸上总是将事情丑化，说哈珀博士获得这些捐赠是利用了我们的私交。对于这个话题，漫画家创作了不少作品。有的漫画将哈珀博士描述成一位口念魔咒的催眠师；有的漫画则说，当我正在办公室里从报纸上剪优惠券时，他突然闯进来，而我一看到他，马上丢下手里的事情，慌乱地从窗户逃跑；在有的漫画中，我站在冰块上，顺着河流逃跑，而哈珀博士在后面紧紧追赶；还有一些，我在前面跑，偶尔丢下一张百万美元的支票，而哈珀博士犹如俄罗斯故事中的狼一样紧跟在我后面，时不时地停下来拾取支票。

这些漫画多少带有戏谑的味道，虽然其中一些确实风趣幽默，但哈珀博士却一点也笑不出来。对他来说，这些漫画具有强烈的侮辱性。假如他还活着，我这些话一定很入他的耳，也就是说，他在担任芝加哥大学校长期间，从来没有书面或口头上为芝加哥大学向我索要过钱，一分也没有过。在交往过程中，我们从来没有谈起过芝加哥大学的财政问题，哪怕在最密切的日常交往中也没有。

捐助芝加哥大学的所有流程与其他的捐赠活动都毫无二致。专门负责财务预算和管理的大学职员提出书面申请，学校负责此事的委员会和校长每年在一个固定的时间里与我们的慈善基金会联合开会，针对他们的资金需求进行讨论。通常情况下双方都能达成一致，我没有必要再添加任何意见，更不需要任何面谈和私情。芝加哥大学位于我们伟大祖国的中心，深得当地人民的尊重与热爱；它从事着伟大而意义非凡的工作，能向这样的机构捐赠，我感到万分荣幸，而且对这些捐赠，它受之无愧。因为它具有入情入理的实在价值，所以它才能吸引并获得慈善资金，并非因为个人会面或热情澎湃的申请演讲。

很多人认为与我面谈是获得资助的最好方法，于是不断地借慈善之名要求与我会面。其实他们真的想错了。对任何人我们都平等对待，都是要求申请人写一份简明扼要的申请递上来，不需要长篇大论地论述所申请事业的重要性。我们的专业人士会对这些申请进行评估，如果他们认为有面谈的必要，自会向申请人发出邀请函。

我们的员工正是基于这些书面申请对申请项目进行调查、咨询、比较的，我也是以这份材料为最终审核的根据。

这是我们开展工作的唯一方式，要求提交书面申请而不进行面谈的规定其实是一种更加负责的工作方式，并非像有些申请人所想的，是一种无情的拒绝。这样做可以对他的项目进行更为充分的考核，更全面地了解项目的价值，而这些仅仅靠面谈是满足不了的。

有条件地赠予

赠予金钱带有极大的危害性，一些机构原本可以获得其他赞助，而你却向他捐赠资金，这样只会使慈善的源泉枯竭，这种善行是非常不明智的。

对慈善机构来说，重要的一点就是每时每刻都应该尽可能多地争取捐赠者，这就需要慈善机构不断地向社会呼吁，不过这些呼吁必须建立在他们务必要做出成绩、满足社会需求的前提下。而且公众的关注也有力地保障了理财的理智性和管理的公正性，从而使社会能够长久地支持他们。

我们的赠予通常是有条件的，因为我们想通过这种方式吸引更多的人来关注慈善机构，使更多的人成为捐赠者，并寻找与这些慈善机构合作的机会，进而推动慈善机构的发展，而不是因为我们要强制他们来尽义务。很多时候人们并不了解有条件赠予的真实情况，所以时常对其进行谴责。

每一个渴望成功的人都应该欢迎那些善意、理智、公正的批评，这种批评是一笔极为珍贵的财富。尽管我遭受了很多恶意的批评，但我并没有失去对生活的积极性，也并没因此而痛苦怨恨。对那些与我持不同意见，但能够慎重判断并真诚坦言的人，我从来没想过去反击，所有人都知道，世界正在稳步而迅速地发展着，不管悲观主义者如何喧闹，这一点足以抚慰我们遭受侮辱的沮丧心情。

慈善托拉斯

慈善托拉斯[1]是指将商业中协同合作的管理方法引入到慈善事业中去，现在我们就回到这个话题上。只有寻求到那些掌握商业技能的专业人士的帮助，协同合作的理念才能在慈善事业中取得成功。当然，一个杰出的商人必须充分认识到这个理念的可行性，并对它感兴趣。如果这一理念最后以某种形式，或以比我们现在能够预见的更好的形式发挥作用，那么我们所付出的努力将具有非常大的意义。

慈善机构应该交给能力超群的人采取最科学的方法进行高效的管理，这样它就能得到广泛而充分的支持。这些人不但能妥善地管理基金，而且会充分发挥每一分钱的效用，所以捐赠者可以充分信任他们。由于慈善机构的不恰当管理，整个慈善体系日益松散，很多好心人费尽心血筹集到的资金，不但没能如愿地支持慈善机构的发展，反而成了一种严重的资源浪费。

筹集资金本应该是商人的任务，同时收支体系的管理也是他们的任务，那些能够在其他领域做出非凡成就的人不应该整天绞尽脑汁去筹集资金。财务事务繁忙而琐碎，教师、工人、志向远大的民众领袖应该摆脱这种事务，全身心地投入到自己的事业中去，不应该因为其他方面的忧虑而分心。

如同商机强烈地吸引着商界中的杰出人才一样，慈善托拉

---

① 托拉斯：英文 trust 的音译，垄断组织的高级形式之一。

斯的建立也必定能够吸引他们的目光。成功的商业人士属于一种高尚的阶层。有时我很想说，即使是牧师也能从商业生活中得到极大的好处，假如他们能够对商人及商业进行深入的了解。

在我看来，如果神职人员与商人彼此了解、加强合作，这两个阶层都能获得利益。牧师以及那些在教堂中担任重要职务的人，通常没有接受过任何世俗的商业训练，所以在宗教事务上时常会做出令人吃惊的决定，对慈善事业的发展极为不利。

人与人之间的交往是以真诚守信为基础，不管在商界、教会，还是在科学界。商人只选择那些诚实、信守承诺的人做生意伙伴。教会的代表们常常指责商人吝啬、自私、卑劣，其实商人身上有很多地方值得他们学习。如果这两种类型的人能够彼此了解、密切往来的话，他们对这一点的体会肯定会更加深刻。

慈善事业将因慈善托拉斯的建立而进入一个全新的阶段。慈善托拉斯将寻到事物的真相，那些工作效率高的工作者和成绩显著的机构将得到前所未有的鼓励与支持；它们将提升慈善事业的工作标准，尽一切可能去帮助人们学会自助。事实证明，慈善托拉斯正在形成，并迅速发展。你会在这些托拉斯的理事会中发现很多美国的精英，这些人不仅能赚钱，还能挑起合理运用这些钱的重担。

我在几年前芝加哥大学十年校庆的时候参加了学校举办的宴会。我受主办方之邀，将在会上发言，于是我事先草拟了一个发言提纲。

然而，轮到我发言时，我突然发现我事先拟定的提纲毫无意义，在座的每一位都是家财万贯、赫赫有名的人，这些人的财富和影响力将给予我们的慈善事业强有力的支持与帮助，我的内心因这一念头而热血澎湃。于是我没有按自己事先草拟的要点去发言，而是对我的慈善托拉斯计划进行了陈述。

我讲道："各位来宾，我知道各位都希望为慈善事业做出贡献，也知道你们都是事务缠身，没有太多的时间。假如你认为只有经过详细的调查之后，你才能决定怎样捐助，如果你自己没有时间去研究人性的需求，那么，你为什么不把钱交给信托机构代你管理呢？就像你为自己及子女储蓄资金一样。你绝对不愿意把留给子女的钱交给一个不懂理财的人打理，不管他有多好。同样道理，捐赠给社会的钱也应该慎重地去管理，那么将这些事务交给慈善托拉斯的理事们吧，让他们来替您管理。我们可以聘用专业人才，成立一个组织，一个慈善托拉斯，妥善而高效地管理慈善资金，我们通力合作，共同推动慈善事业的发展。尊敬的来宾们，让我们从此刻起行动起来吧，不要再等了！"

时至今日，我一直认为这个决定非常正确。

J 附　录

JOHN DAVISON ROCKEFELLER

洛克菲勒信札

优秀的人在竞争中时刻想到的不是输，而是如何赢。

一

亲爱的小约翰：

亲爱的儿子，我因你而骄傲。你 20 岁的生日即将来临，为此我将 20 美元连同我和你母亲的爱一起寄给你。我们从你的前途、生命上看到了生活的希望，我们为你而自豪。你的朋友、熟人，包括我们，都是你的财富，比这世界上任何财富都珍贵，你要加倍珍惜。

时光如流水，转眼已经过去了这么多年，你已经长成一个活力四射的小伙子了，仿佛昨天你还是一个婴儿。因此，为了你的将来，你要更加珍惜时间。生命的意义在于如何充分利用时间，而不在于生命的长短。一个人的意志决定着人生的满足；一个人如果一生没有什么成就，就算活得再久，也毫无意义。

约翰，在布朗大学的 4 年间，你发生了很大的变化。你学习勤奋，并且坚持不懈，加入卓越学生联谊会完全没有问题。这一点你可以从我写给你的诸多信件中感受到，尽管我不善于表达自己的感情。

你不吸烟、不喝酒、不玩牌、不进舞厅，而且你恪守我们家族记账的好习惯，花钱很节制，这些生活上的良好习惯令我们很欣慰。你比同龄人优秀很多，我们为此感到无比骄傲。说到这些，我不由得想起了伊特的儿子乔治，他挥金如土，竟然买下一整列私人火车，而且生活作风很差，为人放荡不羁。你与他年龄差不多，与他相比，你几乎是完美无缺。

但是，你显得有些信心不足，太容易受到打击。一旦受到批评，你立刻就会哑口无言。为了不遭到他人的指责，在学习上你一直很刻苦。你很受他人喜欢和尊重，尽管你性格一直很内向，现在你与大家越来越亲近，也越来越自信了。

自你出生以来，一直都是我们快乐的源泉，我们为有你这样的儿子而感到满足、自豪，尤其是现在。你的来信给我们带来了快乐与骄傲，我和你母亲每每阅读，都会高兴得流泪。

你在上次的回信中说："有人说儿子肯定能超过父亲。然而，您对待我们的同胞是那样的慷慨、大度、仁慈，如果我有您一半，我的生活就会更有价值。不管我处于何种地位，担任何种职务，我都愿意帮助您，这是我最重要的责任，也是我以后的快乐源泉。"

读到这些话，我感到很欣慰，由此可见，你已经做好准备，要继承我庞大的产业了。但是，你又告诉我，你现在每天都在为将来从事何种职业而忧心忡忡，你不知道自己能不能做好一个管理者，这让你无比苦恼。

事实上，你的苦恼每个人都会有。我讲一讲当年我求职过程中发生的事情吧。当时，我觉得随便一个工作都会让我心满意足，因为当时没有多大的选择余地。在我的人生历程中，最刻骨铭心的一天便是我找到工作的那一天，那一天是我人生的起航点。

找工作的时候，我一直在想："我的求职前景并不光明，尽管水路的生意非常兴隆，但没有人愿意雇佣一个孩子，能够认真听我讲述求职愿望的人实在不多。”克利夫兰的所有公司我都跑遍了，有的公司甚至跑了两三次。我的脾气一向倔强，常被人诟病，然而在此刻它却帮助了我，否则我也许早就放弃了。

一天，我走进默温大街一家做农产品运输代理的公司——休伊特—塔特尔公司。我请求见他们的老板，可后来他们的二老板亨利·B. 塔特尔接见了我。很明显，我求职的疯狂劲头给他留下了印象。他告诉我他需要一位负责记账的人，让我吃过午饭再去找他。闻言，我兴奋极了，那颗心仿佛要跳出胸膛，呼吸变得急促起来。我极力压制着我的激动，故作镇静地走出办公室，当时我暗暗告诉自己：“成功肯定属于我！”为了不让他们看到我激动不已的样子，我在过楼梯拐弯之前一直努力控制着自己的情绪，刚拐过弯就开始活跃起来，几乎是蹦蹦跳跳着走回了家。

我既焦急又忧虑，草草吃过午饭就返回到那间办公室里。让我更加激动的是，我见到了艾萨克·L. 休伊特。对他我早有耳闻，他在克利夫兰拥有大量的房地产，而且还创办了克利夫兰铁矿开采公司。见到他，我发现他的确是一个气度不凡的人。我谨慎而坦诚地回答了他的提问。他认真地看了我写的字，然后对身边的人说：“留下他吧，让他试试。”我真想跳起来给在场的每个人来个大拥抱，但是为了给老板留下一个沉稳的印象，我控制住了自己的冲动。

开始工作后我才知道他们的需求，当时他们非常需要一名助理簿记员，因为他们开辟了很多新生意，工作量变得越来越大，原来的簿记员已经胜任不了了，所以他们才决定雇用我，连薪水的事情都没谈就让我走马上任了。然而，我并未将此事放在心上，马上热忱地投入到第一份工作当中。很多年轻人在做学徒期间没有薪水，我相信自己的能力，相信自己肯定能提前结束学徒生活，领到正式员工的酬劳。我整整找了6个星期的工作，这段时间从来没留意过身边的人和事，此次走在回家的路上，我才开始注意他们。找到工作的愉悦心情，让我猛然发现，克利夫兰的审美价值竟然非常高。

那一天对我具有伟大的意义，也正是从那一天，我开始了真正的生活，在商业上获得了新生，比生日还要重要得多。于是我称那天为“就业日”。当时的我双手颤抖，脸庞发热，这些反应无一不向我证明这一天的意义足以与初次受洗相提并论。当然，别人或许体会不到我当时的感受。其实我的体内自小就潜伏着一股强烈的活力，如今它一下子活跃起来了，并注入商业世界中。

从此刻起，我意识到自己真正长大了，再也不会处于无休止的挣扎中，再也不会像孩提时期那样荒唐，不谙世事。早晚有一天我会向世人宣布：“一个成功者正在克利夫兰崛起，他的名字叫洛克菲勒!”

约翰，我也希望你做好为伟大事业而努力的准备。你即将进入的社会是一个与学校完全不一样的新环境，亲爱的儿子，我相信将来你同样能让我感到自豪，就跟过去一样。人生的道路千万条，每一步都要正确选择，一步错将步步错。

亚里士多德说：“我们每个人都将流芳百世，如果我们能重新活一次的话。”然而人生只是一次单程旅行，没有回程票，所以你必须珍惜现在的每一分钟。

目前，你还要再过一段时间才能进行具体的工作，你可以试着规划一下自己的职业。你可以做一个表格，列出你最感兴趣的职业，然后再考虑其他因素。我的建议是，你最好选择那些机会多的职业，就算你要到别的地方去，也不怕找不到工作，只需带上你的才华和智慧即可。

你可以对自己的梦想进行削减，找出两三个最吸引你的方向认真研究，然后再去它们的工作场所考察一下。你所选择的职业中一定有我的一些朋友，我觉得他们肯定愿意帮助你的。

结束这封信之前，我再说一点，此刻既是你做出人生抉择的重大时刻，也是人生最为激动的时刻，所以你不必有太大的思想包袱。任何障碍都不能阻止你成为想要成为的人。

这次就暂时写到这里吧，多给自己留点思考的时间，然后奋勇前进！

孩子，你已经长大了，准备拼搏吧！

爱你的父亲

二

亲爱的小约翰：

我收到萨斯特教授写来的一封信，信中，萨斯特教授称赞了你的经商才能，我感到很高兴。你说你最大的理想就是进入商界，说这是从上次回来与我一起参加了商界绅士俱乐部成立

100 周年的晚宴后的心愿，对此我表示热烈的欢迎。在你眼中，商界就是坐高级轿车、进行环球旅行、坐在奢华的餐厅里用餐……简而言之，就是一个五彩缤纷的世界。由此可见，你的经商意识已经崭露头角，你跟我当初很像，非常热衷于赚钱。

不过，我与你还是不同的，当初我从商并不是因为我对商业非常感兴趣，大部分原因是迫于生计。不过我也因此找到了自己的发展方向，取得了一些成就，这一点值得庆幸。当然，社会上也有一些人结局很惨，只因为他们没有好好把握商业社会的游戏规则。所以，你不能因为一些短期效应，就冲动地做出决定，而要选择一种能发挥自己特长的、强烈吸引自己的行业。

当然，如果你足够幸运，会在选择行业的过程中发现适合自己的活动领域，不过，这种情况少之又少。常言说得好：商场如战场。商业这一领域范围极其广泛，而且纷繁复杂。行走其间，随时就有可能摔跟头、被压力压垮，从而一败涂地。我亲爱的儿子，你要知道，事业也是脆弱无比的，一旦失败就无法挽回，就如同一个易碎的花瓶，完好时漂亮无比，损坏了就难以恢复。山姆·巴德拉曾对此发出这样的感慨：“在起飞前仔细看看前面，播下的种子到了收获的时候。”所以，为了提升自己面对困境的应变能力，你作为一个刚入社会的新人，最好马上制定一份为期 5 年的全面的训练计划。

你在上次来信中表示想进入我们公司，我欢迎之至。我要告诉你的是，你如果现在进入我们的公司，最少还得学习 3 至

5 年。只有孜孜不倦地学习，才能成为一名卓越的管理者，然而，只是为了应付考核而埋首苦读是不明智的，我不希望你这样做。成绩表只能说明你学习方面的情况，并不能反映你的真实情况。你最起码还得花费 5 年的时间去实践，才能熟练掌握公司的运营情况，在这期间，你要熟悉公司内外的所有管理方式，比如顾客、工作场所、从业人员、经营规模等。如果你想坐高级轿车、轻轻松松地去旅行、坐在豪华餐厅用餐，就必须学好这些。

如果你已经确定好了目标，那就竭尽全力地培养自己的自信心吧。世界上的任何伟大成就都来自崇高的理想，所以你的世界是大是小，将由你来决定。一旦你决心已定，你会得到整个世界的帮助。

很大一部分人是在冲动之下喊出“我要从商”的口号的，他们对商人应该做什么事情毫不了解，也不去考虑学习经营方面的知识。当然，我希望你从商的愿望不是出于家族考虑，没有违背自己的心愿，而是发自你内心的声音。

假如你想在这方面取得可观的成绩，就必须与相关职业的人交往，而且要选择那些观点客观公正的人交往。一旦与那些眼中只有自己的职业、一味谈论经商话题的人交谈，则百害而无一利。当然，与那些不遵从自己心愿的人交往也非常有害。只有与杰出的人才交往，你才能受益终生，他们会对你要学的课程提出建议；如果你想开一家公司，他们会告诉你最重要的事情是什么。

你刚进入商界，切不可忽视这些准备，否则必将浪费很多宝贵的时间。一旦选择不当，就有可能陷入被动，这个职业对你而言将变得枯燥无味，你的一生都将受到恶劣的影响。

我一直都很注重上述这些事情，我在中学时就很看重社会实践，每年暑假都会去克利夫兰河畔码头运输公司实习。这些经历让我受益终生，下面我就给你讲一件当时发生的小事吧。

有一年暑假，我在一家工厂实习，工作很苦很累，而且工作条件非常差。当时我们实行倒班制，一个星期工作六天，一天工作 8 个小时。尽管如此，大部分人都任劳任怨地工作着。这一经历让我深刻意识到：有的人将自己一生中最为宝贵的时间都耗费在条件艰苦的工作环境之下了，这种人一辈子都必须做这种工作。我认为他们是极其可悲的，所以我发誓决不与这种人合作。

总而言之，走出校门后，你更要珍惜时间，做事之前要先制定完备的计划，一旦选择好自己的职业范围，就要尽可能地增加实际工作经验。对这些事情，你要慎重把握，因为对你这个年龄段的人而言，这些事情是一种全新的经历。

书本知识属于正规教育的范畴，但存在一定的局限。一个人求知欲望越强，就越会视学习为一种快乐，因此有必要抱着渴求知识的心理去对待学业。然而，你的不少同学只顾着抱怨老师或教育制度，却忘记了自己是个学生，你们的本职工作就是努力学习。教育制度不是轻易就能改变的，自我上学至今都 30 多年没怎么改变了，大部分的教师也没太大的变化。所以，抱怨教育制度毫无用处，与其这样，何不将这些制度为我所用呢？你应该放宽自己的眼界，不要只盯着与商业经营相关的课程。你要掌握那些能够促使你成为杰出商人的课程，培养明察万物的大智慧。而政治、历史、地理、天文学等只是这些课程的一小部分。

我非常赞同英国著名作家约翰·德雷登的观点，他说："世间万物的存在都有其价值。"所以我要提醒你一句，为了使你的眼界更加宽广，每天你都要研究一门新知识。这样你的人生观将有所改变，最起码与过去相比，会有所改变。你所学到的每一门知识都是非常重要的，尤其在你最终进入某个领域时，或者是当你在商业领域拼搏奋斗时，哪怕是一丁点的知识都有可能发挥无法想象的作用。

弗朗西斯·培根的成功理念是："人会因读书而变得富有，会因交流而变得睿智，会因写作而变得沉静。"我希望你在大学期间掌握并领会这一理念。一个人要想取得成功，必须掌握这三项法宝。

当你离开大学的时候，必须做好踏足社会的准备，所以，你不仅要经常读书，努力培养自己的写作能力，而且要学会与人开诚布公地交谈。当初我也是这样做的。

最后我再说一句，我认为每个人都是在学习中成长起来的，学会的任何东西都不会白费。

爱你的父亲

三

亲爱的约翰：

你马上就要步入社会了，我想跟你谈谈金钱观，我觉得很有这个必要。

对金钱，我们必须正确认识，当然，一个人的金钱观是否正确，需要用时间来证明。我像你这么大时，非常渴望赚钱，甚至有点痴狂。我知道，金钱不仅能买到豪华的住宅、美味的食物和奢华的服饰，还能换来道德、尊严和社会地位，后者更能让我兴奋。

我在年轻的时候曾读过一本书，名叫《先贤阿莫斯·劳伦斯日记》。这本书的主人公劳伦斯是新英格兰一个非常有钱的纺织厂厂长。在一次精心安排的募捐会上，他捐赠了100 000英镑。我对这本书非常入迷，我曾一度觉得自己是一个充满矛盾的人。

我对劳伦斯的信笺极为痴迷，每每读到都激动不已。他捐赠的都是看得到、听得到的嘎嘎作响的新钞票。我暗暗发誓，如果有一天我能做到，我也要捐赠这种能发出响声的新钞票。当时我只是一个十几岁的孩子，竟然会产生这样的想法，或许很多人会觉得荒唐、滑稽，可是只有我知道，这种感觉是金钱赋予我的，除了我没有人会产生这样的想法。

现在回过头来想，当时的我实在太天真了，假如一门心思地去攒钱，生活不就成了一个紧闭的保险箱了吗？东西进不去，也出不来。有一年情人节，城市的玫瑰全部卖光了，很多小伙子因为没有买到而焦急、烦恼，而有些女孩收到的玫瑰花远远超过了自己的需要，见此情景，我就产生了一个极不大气的想法，为什么不把那些姑娘手中多余的花回收上来，趁着夜晚降临之前再卖给那些买不到花的小伙子呢？但是这个念头一出现就被我抛弃了，这种贪图蝇头小利的行为正是我一直警惕的，它与运用头脑、勤奋工作有着本质的区别。这种荒唐的小智慧不可能使我变得富有，否则那就是天大的笑话了。

对于世间万物来说，金钱只是表面现象，而不是内在本质。金钱虽然可以买到很多东西，比如美食、药品、相识、享乐，却买不到好胃口、好朋友、健康、幸福和安心。

然而，我们的生活还在受着金钱的制约。你可以说自己视金钱如粪土——你或许在道德和才华上受过很多训练，可以随意去表演，但归根结底，我们的生活仍然在围着金钱而转。但是，金钱与生命的真谛没有一点关系，它确实不是生活的重中之重。由此我们便陷入了一种生活怪圈：一些事物虽然并不重要，却占据着你生活的核心，我们应该如何对待它们呢？

对待金钱，不同的人有不同的看法。我曾经在街头和流浪汉们一起喝最廉价的酒，唯一的钞票被他们揉成一团塞进口袋；我曾和管理着大量资金的证券经纪人谈到深更半夜，这些人从来不碰一分钱；我还曾见过一些有钱人唯恐自己的财产流失，不愿花一分钱；我见过形形色色的人，比如慷慨的有钱人、犯罪的穷人、妓女、圣徒……这些人的金钱观念决定着他们对金钱的处理方式，他们拥有的金钱数量则在其次，这是他们的一个相同之处。简而言之，你或者有钱，或者没钱，只有这两种选择。但是，你可以把金钱看成任何东西，它在感情和心理上绝对是虚幻的。

如果你只是希望生活不困窘，对金钱并没有太大的兴趣，那么，它的概念就会变得抽象起来。从某种意义上讲，金钱是一种能够产生利息的财产，为此你必须善于投资，根据自己的收益进行纳税。金钱时常会遭受经济风暴的冲击，就好像是花园里的花花草草。即便是你觉得自己赚钱只是为了以后不再为钱而烦恼，但你仍然要照料好它，就像园丁照料花草一样，那么它就会成为你思想的核心。

对金钱你应持什么态度呢？赤贫和暴富两个极端之间，你如何选择才正确呢？其实，除了记住一些基本原则外，没有人能给你一个标准答案。

古希腊哲学家德谟克利特说："完全受财富控制的人，永远与公正牵不上关系。"你要是对他人大方慷慨，别人也会这样对待你，这不是在挥霍金钱，而是让它在分享中得到流通。人们只是想用这种浪费金钱的方式得到刺激。这里的分享就是不计回报地用自己的钱去帮助他人做有价值的事情。你一旦这样做了，你就是一个乐于助人的人，就会得到很多与他人交流互助的机会，而且你也会得到人们同样的回报。

这就好比是用外语与人交流，往往是讲同种语言的人会更谈得来，如果你从追求金钱的过程中寻求到安全，你会发现你身边的人同样如此狭隘。你们都装模作样，紧张而愤怒地对待彼此，猜忌、怀疑是你们的共同特点。但是，如果你是为了分享而积累资金，那么，你会发现周围的人都说着相同的语言——这个世界会因分享而生机勃勃。

另外还有一点相当重要：金钱的特点就是进进出出，而守财奴们却无法承受任何损失，所以如果你是个守财奴，肯定不会快乐。贪财的人不能忍受金钱的必然流失。慷慨的人能看到分享的好处，所以即使他们处于穷困之中，内心也是充实的。金钱在与人分享中的流失往往成为大家的礼物，每个人都能得到好处。

慷慨的人知道金钱还有另外一个原则，那就是有些时候为了进步，必须损失钱财，所以他们乐意花钱。不愿付出的人时常在渴求胜利的心理压力下气喘吁吁，他们这个世界会发生变化，对付出极为恐惧。只要交易就有风险，就会有所损失，不愿承受这个损失，就会裹足不前。很多时候，与掏出最后一分钱相比，前进的需要更加重要，为了这种前进，我们应该倾尽所有钱财。

我要告诉你的是：金钱是虚无的，是身外之物，只有流动起来才有价值，至于对金钱你能不能达到禅宗式的思想观念，我并不在意。金钱就跟我们的呼吸一样，来来去去，有增有减，这是它的规律，你不能违背。时间不会停止，生活还在继续，不管钱去了哪里，我们都得继续前行，去做一些更值得我们关注和关心的事情。

假如你坚持自己的观点，认为金钱是最重要的，我还想告诉你，金钱还能进行自我辨认，即赚硬币的人损失硬币，赚钞票的人损失钞票，赚大钱的人损失大钱，我将这种特性称为“物种辩认性”，这是它的最后一条准则。

假如你实在想赚钱，就要与同类人来往，你可以去了解一下那些百万富翁白手起家的故事，这样的故事有很多。那些人的财富都是慢慢积累起来的，为此他们惶恐不安，这样的生活有什么意义呢？你只有融入他们的世界，了解他们的做事规则与方法，然后将你的智慧运用到与他们的交往中，才能实现自己的愿望——成为百万富翁。赚钱需要的智慧是一样的，无论是赚几百万，还是赚几张钞票。但是在有些场所，金钱可以成倍地增长，他们的智慧会得到更多的回报。所以只有与金钱靠近，你才能赚到钱，你靠近它，它也会靠近你。但是，你拥有多少钱并不重要，重要的是你如何运用它，这是处理钱财的真理，一定要铭记。

说白了，金钱只是一种商品，一种双方都承认的抽象交易，只有在交易过程中它才有了生命力和价值。不管是穷人还是富翁，只要肯慷慨地付出，都会为这个世界带来光明。金钱对于那些爱财如命的守财奴来讲，只是让他们与外界断绝来往的工具。

学会给予与分享，便能轻松解决诸多困难，得到意想不到的收获。

爱你的父亲

四

亲爱的小约翰：

最近你一直在推销原油，这个工作肯定很辛苦吧。推销工作是一个劳而无功的工作，你自从大学毕业后一直做着这种工作，你是不是也体验到小人物的烦恼了？你最近一连几天不去工作，只是躲在房间里听音乐或去酒吧，难道你想放弃了吗？你不应该这样做，在你事业和人生的征程中，你刚刚迈出第一步，你要经受住考验。

亲爱的儿子，你这些行为让我深感不安。你要明白，任何事情都要从小做起，成功者也是从小人物开始的。每个年轻人都想高人一等，但成功不是一蹴而就的，需要慢慢积累。谁都不喜欢工作，我也一样，但工作不仅仅是工作，它还包含有很多机会，比如发现机会，挖掘才能，不断地提升自己，只有积累了这些经验，才能走向成功。工作中的这些因素正是我喜欢的。纵观历史，我们会发现，很多优秀人物与你一样大的时候，比你还差几分呢，所以你不要泄气，不要急躁。

你知道我有写日记的习惯，日记里记录了我还不出名时的一些事情。

有一年，为了锻炼自己，我决定趁暑假找一份临时工作。我听一个朋友说，俄亥俄州机械制造公司正在招聘工人，便决定去试试。

第二天，我很早就到达了面试地点。我随着面试的队伍慢慢移动，10 点多时轮到了我。

一位人事官员问我：“你希望做什么工作？”

“我急需一份工作，哪怕薪水最低的都可以。”我回答。

“好吧，你被录用了。”

当时的我正处于人生的低谷，即使是从最底层我也要开始起飞，我急需这样一个起点。现在这个机会终于来到了我面前，我成了组装线的一名工人，负责将带着铜铆钉的带子缠绕到铁环上，当时公司正在为陆军制造机车手提灯，这是其中的一个环节。

当时工作一个小时只能拿到 20 美分的薪水，尽管如此，我发现手工劳动十分有趣，我对这种工作感到很满意，而且也没觉得有多难，人生在世，几乎每个人都要经历用手劳动的过程。可是工作第一天就出了意外，我在组装线上钉铆钉时，锤子砸到了手。这很可能会影响到工作，为此我向老板请求，允许我下班后留下来，找一个适合我受伤的手能用的工作方法。那天我在车间尝试了很久，最后终于成功了。我用工具和材料制造了一个木头节子，用它可以很容易地固定住铆钉，这样我工作起来就不费力了。

第二天，我早早地来到车间，尝试新制的工具。其他工人还没到我就开始工作了，效果很不错。有了这个木节子来固定铆钉，我就不需要再用手去扶了，这只手空出来就可以做更多的活儿。老板对我的发明赞不绝口。通过这件事，我意识到你必须认真对待每一份工作，哪怕是最底层的工作，说不定能在工作中寻到改变命运的机会，你一生的命运很可能因为一次小小的发明而发生改变。

这个木节子大大提高了我的工作效率，我的工作速度翻了一番，为我节省了很多时间，于是我请求老板分派我更多的工作。公司的很多杂务派给了我，比如帮组装线上的女工调整工作台。经过我的调整，她们工作得更加得心应手，工作效率有了很大的提高。只要有机会我就去协助我的老板。每天我都是第一个到，下班后走得很晚，我常常留下来尽力为第二天的工作做准备，比如帮助清理整顿等。我认为这份工作不仅满足了我的需求，又提高了我的工作能力，为今后的发展奠定了基础，我感到心满意足。

工作久了，我逐渐与公司的人熟悉起来，亲密得就像一家人，公司组织一些娱乐活动，我总是积极参加。每个星期，公司的垒球队都与其他一些小公司进行垒球比赛。我负责球队的管理事宜。有一次我在公司的球场上认识了球队队长奥林·哈维，他是公司的采购员。一天练球的时候，我和哈维聊到了工作。

"你觉得这份工作怎么样?"他问。

"挺好的，只是我认为钉铆钉这项工作没有提升空间了，为了学到更多的东西，我希望从事更有挑战性的工作。"

后来我继续做着自己分内的工作，很快把这次谈话抛到了脑后。没想到，有一天，哈维突然找到我："约翰，你愿意到采购部做一名订货员吗?"他给我讲了订货员的职责，并告诉我，生产成品所需要的每一个材料都需要过订货员这一关，所以做一名订货员就有机会了解到整个公司的生产程序。

我欣然同意了。我带着我的努力与才智去了新的工作岗位，很快得到了同事们的赞赏。三个月的假期很快过去了，在这期间，我得到了很大的提升，从组装线工人升到采购部，后来又被提升为经理助理。遗憾的是，假期一过我又返回了学校，只得离开了公司。三个月的工作虽然短暂，但我受益匪浅，发现自己是可以取得成功的，即使没有内部关系和推荐，即使从最底层做起。我觉得这份工作为我今后的商业之路打下了基础，同时也让我更加自信。

曾经有不少人问我获得成功的最佳途径是什么，我觉得最重要的一点就是做一个好雇员。我这样说的原因有两点：任何工作都可以让你获得尊重、金钱和尊严，生活也会因此而变得丰富多彩；其实，在等待尊重、金钱和尊严的过程中存在着很多乐趣，而只有一个好的雇员才会发现这些乐趣。

亲爱的约翰，我的这些经历给你什么感觉呢？这些建议你是不是也应该遵循呢？你的工作刚刚起步，工作还不熟练，等你再成熟一些，真正了解了这个行业，工作起来就顺手了，你就会从工作中得到快乐。我从最底层的工作中琢磨出几条职业戒律，现在我将它们推荐给你。

静下心来耐心等待，很多年轻人在初入职场时，都会做一些艰苦繁杂、枯燥无味的工作，比如为事务繁忙的老板打杂，整理通讯录等。一些人认为这根本称不上是什么工作，但是这是一个人事业和人生的重要起点。你要明白，一个人要想成功，必须经历这个过程。

不仅要做好分内的工作，还要适当要求分外的工作。或许在展销会上你还没有代表公司的资格，但是你一定让他们知道你是非常愿意承担工作的，假如你很乐意更好地管理本部门的话，你要将自己的想法勇敢地讲出来。不过要记住，你的能力必须足以承担起那些工作，而且要全力以赴。

有野心但不要锋芒毕露，提升自己的才智和魅力是成功的唯一途径。你要将自己的野心藏在心里，时刻关注着是不是有适合你的空缺，等待机会主动出击。其实，能带给你成功和喜悦的最佳“出击”办法就是源于内心的力量和奉献精神。

刚开始的时候大家都站在同一个起跑线上，但是时间一长，差距就越来越大了，这都是人的思想方法在发挥着作用。因此，要想赶上跑在前面的人，你要经常审视与他人的差距，及时进行分析总结。遇到问题你不能逃避，也不要埋首苦干，而要善于观察、学习、思考和总结，否则就会裹足不前，不断地犯过去犯过的错误。

当然成功没有固定的模式与规则，你要自己去体会、去领悟，学会发现和总结。你要学会独立思考，善于谋划与判断，随时做出应对；面对差距和挑战，你要及时调整心态，增强自信心。这是我的总结与经验，我正是这样从底层起步，不断拼搏，坚持不懈地努力，才取得现在的成就的。

可怕的不是做小人物，而是不敢从小人物做起。我衷心希望，你对工作不仅要端正态度，而且要满腔热忱，这次就说到这里吧，我相信明天你会准时去公司上班的。

爱你的父亲

五

亲爱的小约翰：

我曾带你去北部打过猎，你还记得吗？正所谓“初生牛犊不畏虎”，当时你表现得特别勇敢，面对狼群一点也不害怕。面对如今事业上的挑战，我希望你仍然保持这种精神。

从心理学上讲，每个人都有创造的本能，或许你也发现了创造思维对一个人的发展是非常重要的，而对手的新创意则是我们要面对的主要问题。

是的，市场上我们有一种产品比竞争产品落后，但我们并没有坐视不管。为了解决这个问题，我们把公司的一部分利润投资到持续性的研究和开发项目上，这是我们一贯的做法。最近我们在现有产品的改良上取得了很大的突破，我相信，不久后竞争产品将不会再威胁到我们。

你现在一定很担忧吧，因为技术部门刚开发的技术产品进入市场后没有产生多大的反映。约翰，不用急！我从自己的经验中得出，一个新的改良方案投入市场的最佳时机便是现在这种“不时之需”的时候，而不是制定后马上就投入市场。

善于总结经验教训，是一个人在商界中取得成功的必备素质。你应该从这件事上吸取教训，我认为首先一条就是很多公司都存在一种错误的做法，即将大部分利润以分红的方式发给股东，而不是用来研发新产品。一个优秀的公司要想立于不败之地，必须重视产品研发，我们公司就是这样。我们的公司就是一个大家庭，每个成员都明白“今天的投资是为了明天的发展”这个道理，所以相对其他公司，这个策略执行起来容易得多。一个公司能否成功也在于此。

其次，你要明白，一个公司要想成功，还要注意一点，那就是要在员工的思想意识中注入想象力和创造力因素。那种“只要接受教育并愿意付出努力就能成功”的观念已经跟不上时代发展了。在当前这个时代，要想取得成功，不仅要有学问，乐于努力工作，更要富有想象力和创造力。

人们普遍认为，高超的创造能力是极少数人的天赋，发明家们都是天生的。而我则不这样认为，我觉得创造能力是每个人的本能。

刚踏入商界时，我一直很苦恼，觉得自己没有继承到你祖父的天赋。不过，经过不断的学习、实践，等我拥有了足够的经验后发现，事实并不是这样的，只是我当时一直没有意识到这一点。假如我对自己的能力有足够信心的话，我那时就不会那样懊恼、怀疑了。

同为年轻人，我想你肯定也会犯这样的错误。不要妄自菲薄，轻易否定自己，在美术课上只能画简单的人物造型，在英语课上只能写一首小诗，并不代表你没有能力。你要纠正自己的这一错误认识，好在我和你母亲的经验也可以帮助你。要知道，每一个伟大的发明都是在日常生活中突然产生的，漂亮的图画、流畅感人的散文代表不了一个人的创造力。

在日常生活中，人的创造力和天赋的表现形式是不同的。大部分人往往对自己的创造力置若罔闻。你在工作中也表现出非凡的创造力，否则也不会从普通的销售人员升到销售经理。你的创造性思维体现在工作的很多方面，比如怎样才能更好地与新客户接触，如何解决现有客户的问题，如何完成合同、消除员工的不满情绪，如何鼓舞团队取得更大的成绩，如何更好地交谈、演讲，等等。

那么应该如何运用自己的创造力呢？你可以搜集信息，输入进自己的大脑，将这些信息慢慢沉淀，再经过分析得出方案，然后融入到世界著名的发明者之中。假如我当初能理解这些步骤的话，我就不会那么烦恼、犹豫了。约翰·巴肯不是说过吗？一个领导者本身就是伟大的，他只需要将这种伟大发挥出来即可，并不需要将伟大加诸到人的身上。

约翰，你现在所犯的错误，很多人都会犯，所以你不用懊恼。

我将创造力的应用分为“心理活动”“成熟期”“孤独”“主人翁精神”4 个方面，下面我来逐一分析一下。

所谓“心理活动”是指为了找到问题的解决办法，你首先要做的就是将一切已经知道的事情存储在潜意识当中，经过潜意识的分析，理清事情的头绪，做到胸有成竹，用不了多久，你的脑海里就会产生各种方法。有时或许你根本没想，一个办法就会突然闪现出来。总而言之，你脑海中出现的方法会以某种形式汇集起来，然后你就可以去一一实践了。

所谓“成熟期”指的是对一个想法的策划、产生不能着急。除了个别情况，很多时候，酝酿一个想法是需要时间的。有的时候需要花费好几年时间，答案出现之前，你需要耐心去构思，反复去试验，不断地搜集新的数据储存于潜意识当中。正如诗人罗伯特·李·费罗斯特所说：“苹果无数次砸到牛顿的头上，才砸出了他的灵感。我们是在自然界无数次的启发之下才偶然抓住灵感的。”车轮、纸张、玻璃、电、汽车、飞艇等以及其他方面的很多不凡成就，都是人类以这种方式“抓住灵感”发明的。

“孤独”可以催化一个人的创造力，一个人只有静下心来，安静独处，脑子里才会浮现新的构思，才能抓住灵感。詹姆斯曾说：“只有孤独才能培养人的想象力，就好像完美的人格是在社会中培养出来的一样。”正因为此，我通常在星期四的傍晚就离开了公司，直到下星期一。很多人认为星期五是我的休息日，其实他们不知道，星期五是我安静“思考”的日子，无论我在家里还是去划橡皮艇。长期以来，我在这一天的收益最多，对我而言极其珍贵。

所谓“主人翁精神”指的是两个以上的人聚集起来，将各自的知识结合在一起，以达到特定的目标。把各自的想法统一在一起，这样往往比一个人苦思冥想更有利于问题的解决。

我们当下面临的问题是新产品的竞争问题，我所说的跟这有什么关系呢？我想你应该明白了，即运用我们的创造力。创造力是所有人的天赋才能。目前我们的竞争对手关于某个产品或许超过我们，但这并不代表我们就任其发展，不去做任何准备。

竞争推动着企业不断思考，胜利从来都属于有创意的人。重要的一点就是要研究分析对手的策略。思考加上行动，才能激发出创造力。我认为用不了多久，就能解除竞争对手对我们的威胁，因为我们目前在改良产品方面已经取得了重大的成就。

保守、谨慎是我做生意的原则，我认为产品改进方案不要马上投入市场，而要暂时保留一部分，静候时机。换句话说，就是等对手亮出底牌、自认为自己占了上风的时候，我们再挑选出一张最好的、最有创意的、足以吓退对手的牌打出。创造性这个领域还没有人踏足，要有勇气才行，但你有能力创造一个恢宏的局面，你要相信这一点。

对于公司而言，这种创造力就是创新。创新往往是偶然间出现的，它是什么样子，或是何时会出现，我们谁也猜不到。一般情况下，创新就是一个出人意料的发现，或是市场需求促成的变化。

从管理上来讲，为了提高创新的概率和创新带来的价值，公司通常会建立一种制度、一种理念，或一种文化。任何公司要想在激烈的竞争中立于不败之地，就要勇于创新，实质上就是要开拓新的市场领域。这里面蕴含着很多无形的价值。

公司对某种产品的定型、某项服务的规范同样开辟了新的市场领域，有着很大的价值，所以这也是公司的创新。只要是能够有效转化到价值链中并为公司带来价值的，都是创新，这是它的真正意义。一个公司之所以追求创新，正是因为可以通过创新避开竞争，占据更大的市场份额。

爱你的父亲

六

亲爱的小约翰：

你送我的高尔夫球棒，我很喜欢，谢谢！打高尔夫球很好地锻炼了我的身体，最近我对这种运动很着迷。我还要感谢你请我看电影，我没记错的话，小时候的你非常喜欢看歌剧，不过这次写信我最想说的还是工作上的事情。

我听说你的一个老客户为了吃你回扣，竟然想让你用10加仑的油桶只装9加仑的油。长期以来，你跟他们一直合作得挺好，你为了让这份合同签得更加稳当，竟然想向那个卑劣的客户低头，以这种方式去贿赂他。我对此很担心。我想就诚信这个话题跟你聊一聊。生活中，人们不可能一下子就获得利益，在道德的天平上做出选择确实需要勇气。

我这辈子最大的遗憾，直到今天无法原谅自己的，就是年轻的时候也做过一些类似的事情。一个人哪怕是沾上一点点污点，都会受人唾弃，我不想让你重蹈我的覆辙。如果能够再来一次，我一定不会做那些事情。每个人都会犯错误，但是我们应该尽量避免去犯错，你说呢？

一个商人应该具备哪些品质呢？我想跟你谈谈这个话题。你一旦向这个人低了头，就等于偷窃了自己公司的财产。如果这笔钱是公司作为优惠支付的，那么公司反而能节约一笔经费，但是你不能用这笔钱去贿赂这个管理人。因为这个人显然是不守职业道德，瞒着公司利用这种方式进行敲诈。你的妥协意味着教唆他做坏事，我怎么可能不站出来反对呢？前不久，一个老朋友还在问我，什么是商界生存的最重要原则？我几乎是脱口而出："诚信！"诚实的人往往是有道德、有品质的高尚之人，他们正直而坦诚，值得人们信赖。在商界，诚信是一个人事业成功的保障。

当然，有些人不赞同我的观点，在他们看来，财富远比名誉重要，他们的口号与诚信南辕北辙，我对此感到非常遗憾。但我认为，这种不讲职业操守的人是不会在岗位上待太久的，生意场上十分残酷，别人不会置自己的信用于不顾，去宽容他们。每一个商业人士都应该讲诚信，诚信并不是一种恩赐或宝贵的优点，而是一个最基本的品质，是成功的基石，只有诚实守信才能取得长远的成功。

在企业界，很多人在进行商品交易时玩弄心计，他们通常先背叛他人，然后就扬长而去。殊不知，在企业界传播最快的就是这种欺骗和不合道德的商品交易丑闻，所以那些人根本不可能长期生存下去，这是我从多年的经验中得出的结论。这样的丑闻必将导致销售量的下降，这种后果是无法挽回的，任何企业都不愿意看到这样的结果。

一个人是不是正直，关键在于家庭的培养，父母是孩子的榜样，你自小接受着完全正确的教育，我和你的母亲都是正直的人，所以不讲诚信的做事风格不应该出现在你的身上。

父母的言行举止对孩子最有影响力。如果父母有贪小便宜等不良习惯，比如在餐厅吃饭结账时，发现少出了钱就兴奋不已，所谓言传身教，如果一直这样下去，对孩子的一切道德教育都会付诸东流。

我希望你跟我与你母亲一样拥有健康的道德观，从来不做那种投机取巧的事情，我不想让你犯这方面的错误。

对客户、职员、供货单位以及银行关系户始终保持诚信，是我一直以来的做人做事原则，我也是这样要求管理人员的。我们的公司正是建立在这个原则的基础之上，直到现在我们还保持着这一原则。为了获得良好的信誉，公司上下，包括我在内，都付出了长期的努力，我觉得很骄傲。诚信的价值举足轻重，所以我认为不损害信誉也是管理者的一个重要任务。你要坚持这个原则，想办法光明正大地战胜对方，而不是靠欺骗的手段。

面对挑战，如果你以诚相待，你就会觉得浑身充满激情，守信用的最大好处正在于此。你从一开始就要培养自己和下属的诚实品质，因为只有有信誉的公司，才会获得公众的一致好评，别人才会信赖你。

所以，优秀的企业家将诚信看得远比金钱重要，品质的纯净是永恒的，而金钱的诱惑只是短暂的。在金钱与品质之间，我相信你会做出正确的选择，一个真正的企业家不仅能通过自己的努力得到财富，还能得到高尚的品质。

古希腊的哲学家第欧根尼说："我要寻找真正诚实的人。"爱尔兰的哲学家乔治·柏克莱巴也曾说："每个人都要高举诚信的标语，可是又有几个人实践了呢？"或许，只有极少数人将诚信看成价值连城的财富，那些靠欺诈做事的人是买不到的，无论他花多少钱，就如同被阉割的公猪永远体会不到拥有小猪仔的快乐一样，那些人根本体会不到诚信的快乐。这些不诚信的商家早晚有一天会迎来警察的光临，这是基督对他们的照顾，无论他们通过欺诈手段获得多少不义之财，但失去了消费者的信任，将寸步难行，因此我们赚钱必须靠诚信。

我所谈的话题似乎过于严肃了，好像破坏了本应快乐的圣诞气氛。不过，亲爱的约翰，你会理解并接受我的建议的，对吗？

我们再来谈谈那个无声的黑白电影吧，我从西蒙那里听到了许多新词汇，比如蒙太奇、好莱坞。我觉得自己好像已经落伍了，我的眼前出现了很多理解不了的东西。不过我坚信，时间永远带不走诚信，就好像直到现在我们还对那个见利忘义的巴比伦大祭司和宫廷诗人鄙夷不已一样。

世间的道路千万条，圣人会选择哪一条呢？

爱你的父亲

七

亲爱的小约翰：

有一天，我偶然间听你朋友说，你已经参加了匹兹堡的“认养一位老人”的活动，我很高兴，于是又想给你写信了，虽然前两天刚给你写了信。

做善事会令人身心愉悦，为什么很多人不愿做呢？我实在想不通。很多人存在一种误区，觉得帮助他人是一件很难堪的事情。其实，当别人需要帮助的时候，我们没有伸出援手才是最让人难堪的。

世界就像一面大镜子，你冲它笑，它也会冲你笑；你冲它哭，它也会冲你哭；你善良、友爱，愿意帮助他人，它同样对你善良、友爱，乐于助人。我最喜欢过圣诞节，而它已经悄悄来临了。我们可以在这个短短的假期里对自己的钞票盘点一下，看看给予别人多少，而不要去想有没有损失。在这个节日里，不仅可以给予他人快乐，而且可以从他们的快乐中得到快乐。这件事情很简单，可是人们往往容易忽视它。

对于挣钱与花钱的关系，我已经很明白了，我在 20 岁时就为自己一生的财务收支制订了一份关于挣钱、花费以及捐助的计划，这个财务计划——如果我可以这样叫它的话——的形成，我记得非常清楚。那天我去俄亥俄州参加一位尊敬的老牧师主持的礼拜。他说过这样一句话："要光明正大地去挣钱，然后理智地花出去。"我在小本子上记下了这句话。

约翰·卫斯理也曾说："如果能挣钱的人和能省钱的人同时还是能给予的人，就能获得更多的神恩。"他的观点与牧师的观点具有异曲同工之妙。既然上帝允许我拥有这些财富，他肯定知道我会将这些钱更好地用于社会，所以我想把赚到的钱用到慈善事业上，一如既往地帮助他人，这样做足以证明我所拥有的金钱的纯净。

约翰，给予具有一种奇特的力量，可以温暖一颗沉重的心，能使人更幸福，它是人类最美好的一种行为。不管是给予金钱、时间，还是关怀，抑或是其他，只要是真正的给予，都能给心灵带去阳光，给予者因此而更加充实，接受者因此而倍感温暖，原本荒凉的大地上会因此而生出某种新鲜的东西。

这个道理说起来简单，但要真正明白并记住它，却非常困难。人们总是把财富当成生活的全部，为了保护自己和家人往往会无休止地积累。人们认为给予别人金钱或物质，自己就会遭受损失，于是，我们的周围逐渐筑起高高的城墙，给予由此变成了一种交易。长此以往，每每付出，我们总是先权衡自己的利益，哪怕是一丁点的付出。

给予之后，人们总是希望得到赞扬，而不是纯粹地追求为他人服务的乐趣，因此，即使敞开了心灵，我们仍然在寻求别人的关注和表扬。其实真正的快乐和幸福可以从我们始终抵制的东西中得到，可是我们看不到这一点，反倒被自身利益束缚住了。要想冲破这个牢笼，我们就要不求回报地去给予。

实际上，给予也是一种创造，你在给予别人的同时，自己也感受到了新奇与快乐。突然携手解决问题的两个人会产生一种全新的温暖与快乐，尽管他们刚刚还在为一己私利而烦恼不已。他们用自己的善行创造了一个小小的奇迹，仿佛整个世界都变得开阔无比。

这种奇迹的力量不容小觑。很多人一心想着做大事，想成为圣母特雷莎或阿尔伯特·施韦策，又或者成为圣诞老人。殊不知，只要我们愿意开启心灵，随时可以向他们慷慨付出。

约翰，亲自去体验一下吧，尝试着做一些小事，比如，向默默无闻的人打个招呼；看望一下你的邻居，主动请求帮他整理草坪；在路上看到别人的车胎坏了，主动上前帮忙。又比如，给养老院送一束鲜花；在街上看到乞丐，掏出 10 美元递给他，不是出于可怜，而是轻松而愉快地递给他，然后离开。

慢慢地你就会明白给予的含义，你会看到摘去面具的面庞，发自内心的微笑；你会感觉到无与伦比的人格魅力，理解人们共同拥有的品质，人与人之间没有了隔阂；你会发现自己不费吹灰之力就能付出爱心与热情，而且可以从中获得幸福与快乐。你会发现他人内心潜藏的善良被我们激发出来，在这个过程中你还会寻找到很多志同道合的人，这一点最为重要。你们能够从施行善意的小小举动中走到一起，相识相知，惺惺相惜，无论你在何处，或是外出旅行，无论你是不是能听懂对方的语言，是否知道对方的名字。你会融入善良的人群之中，勇敢地显示内心最柔软的一面，你们彼此信任，互相依存。

总之，如果你勇于奉献，你就再也不会孤独。

帮助别人就是帮助自己，那些帮助了别人的人如果遇到困难，一定能够得到别人的帮助。在这个世界上，善举会引起强大的连锁反应，善举带动善举，善良吸引善良。帮助他人，不必跋山，不必涉水，不必去遥远的地方，在我们的身边，每天都有需要帮助的人，我们尽自己所能就行。或许你的邻居正等着你的一句安慰话或一个小小的举动，有了你的帮助，他们就能温暖地度过一天。

然而，做了善事并不一定能赢得公众的崇敬，也不会像故事描述的那样戏剧性十足。你播撒善意，能提升自身的幸福感之余，也能拥有更好的心态去面对困境，这就是对善举最好的回报，这样的回报是一种平和的心灵感受。如果做好事只是为了得到公众的回报，那么你的善行就失去了真实性。

当今社会有许许多多无名英雄为了社会的进步在无私地奉献着自己的青春和努力。你曾通过美国收养儿童计划领养过一个非洲马里的女儿，我发现你每次收到她的来信，就神采奕奕，一脸的幸福。

那些在自己最艰苦的时候做出的善举才是最崇高的行为。也就是说，最可贵的善行是：当我们最需要安慰的时候反而去安慰别人，当我们最悲伤的时候却去减轻别人的悲伤，当我们极度困窘的时候仍在帮助他人。

19 世纪的诗人菲利普·詹姆士·贝力曾说："证明我们存在的不是时间，而是行动。"所以约翰，继续将你的善意奉献给这个世界吧，也希望你的善行能够赢得"爱心的回报"！

爱你的父亲

八

亲爱的小约翰：

我们谈谈，好吗？你上次回来给我谈起了你新的投资计划，我没有同意，于是你就负气走了，所以我们必须谈一谈。

你的朋友怀特和查理希望你入伙，共同投资一项新产业，你认为这个项目能够赚大钱，便动了心。然而投资一项新产业哪能那么简单呢？合伙经营会出现各种各样的状况，你要充分评估各种问题，而且这是一个投机性很强的事业，你不谨慎哪行？我作为一名老实业家，提醒你务必慎重。

我知道，怀特和查理不仅是你的大学同学，还是你的棒球队队友，没错吧？据说，他们邀你共同投资的大型建材设备利润相当可观。可是，大型建材设备这一行业离我们的行业太远了，你没觉得吗？投资之前不选择好目标怎么行？对这个行业，我们从来没涉足过，你贸然投资这一行，岂不是太冒险了？“隔行如隔山”啊！当然，你有投资意识是好的。

约翰，对自己的朋友应该信任，这没错，可是事情真如你想象的那么简单吗？你想过他们邀请你投资的真正原因吗？你们的朋友那么多，为什么独独邀请你呢？你想过吗？我估计，他们拉你入伙投资的原因只有一个，那就是你是我的儿子。如果真是这样，他们的目的就不难猜测了，他们想为自己的新事业找个后盾，希望能从我们的利益中分得一勺羹。

合伙经营是有很多好处的，我从来没否定过这一点，但是合作之前必须先弄清楚合作的含义。合作意味着组合的开始，而专心、合作、协调是这个组合过程必备的三个因素。如果只是人的简单组织，这样的合作很难成功。作为一个优秀组织的成员，每个人都应该拥有这个组织中其他成员不具备的能力，成为组织不可缺少的一员。

找到一个好的合作伙伴，就等于成功了一半，而错误的合作伙伴则会造成难以挽回的败局。一个好伙伴就好比黄金，价值可观。但是，很多人不愿意将利益、决策权分给他人，更不愿将项目发展后带来的特权与他人分享，所以，他们会因为害怕、忧虑而不去寻找好的伙伴。但是我们必须克服这种恐惧，因为寻找最佳拍档更能获得利益。

那么，什么样的人才是自己的黄金搭档呢？有几个重要因素务必考虑到。如果合伙人所做的事情相同，那么必然会有一个人更投入、更辛苦一些，整个项目就会被另一个人拖后腿，辛苦的那个人等于在拉着另一个人前进。他便会因此而心生怨气，那个拖后腿的人呢，心里也会有怨气，怨这个人的催促。这样的两个人怎么会是黄金搭档呢？举个例子，如果两个工作能力相同的辩护律师合伙开了一家法律事务所，一年后，这个合伙关系并没有给他们带来好处。换一种方式结果就不一样了，如果一位辩护律师与一位公司律师合作，一年后他们肯定会说："如果没有他，我实在不知道如何是好了，感谢上苍给了我如此棒的合伙人。"

这个例子说明，每一个合作伙伴都能提供不同的专业技术和贡献，才是合作的理想模式。例如，一个善于谋划细节的人与一个擅长促销和公开演讲的人合作；一个擅长内部管理和质量监督的人与一个擅长推销的人合作。选择合作伙伴就好比选择对象，必须小心谨慎，力争佳偶天成。只有建立在正确的技术、工作理论和视野的完美结合之上的合作才是真正的合作，能够做到这一点的合伙人才称得上最佳拍档。

在商界的任一领域内，都必须有采购员、销售员、财务人员这三种人。这三种人合作，经过协调，必然拥有个人无法比及的强大力量。

许多商业活动因为人才单一，或只有销售人才，或只有财务人才，或只有采购人才，而走向失败。你和怀特、查理是黄金搭档吗？另外，在这项事业中你打算从事哪项工作？

你扮演的只是一个旁观者，一个给他们提供资金的持股人。你只是在旁边看着自己的资金在他们的手中流动。约翰，你清楚我们一直以来从事的行业范围，那个新产业跟我们的事业一点不沾边，你的朋友们对此也不熟悉，你们都没有相关的经验，也没有得到过相关的锻炼，只能凭想象去经营，或许你们会成为天才，可是有几分可能性呢？我认为太小了！

试想，你同样有权力参与管理，却只是充当一个出资人，事业起步时，怀特、查理或许会全力以赴，可是时间长了呢？有人很可能半途而废，这种情况并不少见。就算取得了成功也可能出现这种情况，这是难以避免的。如果事业举步维艰，他们必须将更多的时间和精力投入到工作当中，这种沉重的负担谁能长久承受？说不定会将某个人的妻子压得喘不过气来，最后的结局将非常悲惨。

他们或许会说："太不公平了，我们每天都在辛辛苦苦地工作，像一头老黄牛一样付出，可是约翰在干嘛，他在享受，每天花上 2 个小时、100 美元去享受午餐。"

也许有人会说："我为什么要如此辛勤呢？大家都在玩儿，我为何要加班加点呢？我挣的每一分钱都有三分之二分给了他人，为了那三分之一我如此辛苦，太不划算了。"

也许有人会说："约翰什么也没做，凭什么要分走我们收入的三分之一？"

……

对你的抱怨会越来越多。

人通常很健忘，作为经营者，他们想得最多的是："你为我们的公司做了什么？"他们不会永远感激你在公司初创时做出的资金贡献。

约翰，你在做出决定前，一定要慎重考虑，比如费用问题，能否做出必要的牺牲，能否长时间地从事无趣的工作，等等，还要预料到经营过程中遇到的困难。这些问题考虑清楚后，你仍然想投入这项新的冒险产业，那我预祝你能够取得成功。

这个世界存在着各种各样的诱惑，要想成功，必须抵制住这些诱惑！

爱你的父亲

九

亲爱的小约翰：

我总是选择信件的方式来与你沟通，是不是有点好笑、无聊？你也许认为我们完全可以面对面地交流，一定无法理解我的做法。

你昨晚的行为真是让我惊讶，竟然告诉我你手头很紧，要向我借 1 000 美元来度过这两个月。要知道你是一个资产上亿的大企业分公司的销售经理，身处要职的你掌控着公司的预算、财务报表和资金分配，可是你却说自己生活困难，我怎能不吃惊呢？我觉得你不会沦落到身无分文的地步吧。因此我想跟你聊聊个人资金的管理问题，我认为很有这个必要。

你是一家大公司的销售经理，花销肯定会比普通人多，这我可以理解。但是无论如何我也没有想到，你会拮据到跟父亲借钱的地步。你的才能足以管理一家大企业，为什么对私人资金就管理不好呢？难道你不为此而羞愧吗？不过你也不要过分地责备自己，其实像你一样的人有很多。

有一种人，不管一年能赚多少钱，30 000 美元，10 000 美元，还是 500 000 美元，总是感觉钱不够用，一年到头剩不了多少钱。人能赚很多钱，也能花很多钱。大手大脚的人在制订理财计划时总是鼠目寸光，这是这类人的一大毛病，他们花钱没有节制，没有目的，赚再多的钱也不够花。

很多人被扣除所得税之前的工资冲昏了头脑，你只有忘掉税前的工资，多关注税后的净收入才能避免这样的错误。从月收入中扣除必要的开支，剩下的这部分资金才能自由支配。你可这样处理这部分钱，要么储蓄一部分，要么全部花掉。通常情况下，一个月的必要开支有房租、住宅还贷、水电费、伙食费等。只有对自己的收入进行很好的规划，才能做到用钱有度。

另外，你要学会控制好花钱的欲望。如果你发现自己对某种欲望过于沉溺，就要立刻寻找原因，彻底根除，多把注意力转移到创意和创新上。现代社会有很多便利的消费方式，比如信用购物，这种消费方式容易造成冲动性购物，使人犯下消费过剩的毛病，而且次数会越来越多，人们应该咒骂这种消费方式。所谓“信用购物”就是我们在卖方的诱导下不断花钱，直到消费过剩为止，卖方正是利用了我们的购物冲动。

你在逛街的时候，最好用现金维持日常开支，只带上这一个星期可以支配的现金，你可以试一下这个办法。无论娱乐还是购物，只用现金，其实没什么丢人的。事实证明，信用购物往往会在不知不觉间使人们盲目消费，导致个人财务出现赤字，而现金消费则会大大降低这种可能性。

你是一个男人，不能把时间花费在商场闲逛上。为了不刺激自己的购物欲望，你要尽量不看那些让人目不暇接的广告，多关注那些更为持久的事物，这样做也能减少很多不必要的开支。

你现在总是为支出过多而烦恼不已，可是你肯定不记得自己的钱花在哪里了，你要充分重视那些真正的大笔支出，把它看成大问题。你是商业圈中真正的成功者，可是事业上的成功也会不可避免地给你带来很多物质上的消费诱惑。

我曾读过一篇与当前一些成功者的消费观念相关的文章，这是一位专家做出的研究，文章说：2/3 的成功者拥有真迹名画；将近 50% 的成功者拥有古董；35% 的成功者拥有两幢房子；3/10 的成功者至少拥有 3 部大小车辆；15% 的成功者住宅的后院建有游泳池；13% 的成功者拥有一间游戏房；1/10 的成功者拥有一艘私人汽艇；2% 的成功者拥有一个网球场；1% 的成功者拥有室内球场。

你是不是可以在这里面找到自己的影子，有几项与你符合？

我们必须正确看待金钱、物质和成功三者之间的关系。在很多成功人士眼中，金钱并不能成为成功与否的标志，高收入不是成功的原因，而只是成功的衍生品。真正的财富是你赚的钱能让你过上什么样的生活，而不是你手中有多少钱，你要铭记这一点。或许你认为二者没什么区别，赚更多的钱就可以过上很多人无法比及的生活。可是事实并不是这样的，或许你已经深有体会，赚得越多，消费也越高，负担也会越重。拥有财富的首要条件就是学会如何把握自己的开支，即学会怎样按照自己的意愿去生活。你如果赚500美元花300美元，就会感到满足；可是，你如果赚500美元却要花600美元，生活就会变得穷困潦倒。

下面我们再来聊聊银行户口问题。人为什么要存钱呢？无非有两个目的：一、为了支付诸如家里的冰箱因年久失修无法再使用需重新购买之类的日常支出；二、为了支付诸如固定资产税、所得税的年末申报上缴部分、孩子的学费等较大的资金支出。所以为了防患于未然，支付每年的固定大支出，你要规划好每个月应拿多少钱存进银行，应该踏踏实实地存钱，以用于固定开支，不可将其用于别的地方。

对这种用钱观念，你也许不习惯，毕竟你还年轻，很多事可以等到以后再来考虑。可是我像你这么大时，已经决定投资房产了。可是当下年轻人已经很少有人为老年生活做考虑了。他们会在退休后将地产卖掉，然后去住易于管理、费用较少的公寓，用卖房子所得资金的利息用于日常消费。退休后，大部分人的孩子已经成家立业，不需要住太大的房子了。老年人不用为房子操心，退休后就算敞开家门也无须担忧。这些人实在是料事如神，精打细算。

我之所以说住宅是最好的投资，是因为，按照现在的纳税制度，购买房子时派生出来的资本利润不用纳税，这一点与其他投资不同。房产可以说是第二种银行户头，它或者通过还清分期偿还的借款，或者通过物价上涨后产生的买入价与市场价之间的差异，会给家庭带来不菲的净收入。你可以调查一下必须纳税的投资的利润率，会发现扣除税金后，实际的纯利润非常少，二者之间有着很大的区别。另外，投资房产，当你拥有它时，你还可以尽情地享用它。只有你亲自体会，才能深刻体会到其中的惬意与温馨。

我认为，人生另一个重要的固定开支就是生命保险。生命保险金是非常重要的，尤其是当你的生活面临困难的时候，它可以保证你的家人不依靠社会救济生活。另外孩子的教育资金也要考虑到，这笔支出也不小，就算你去世后这笔钱也是必需的。

你现在是一个大公司的管理者，要支付多少生命保险金，你应该心里有数，最好选择普通终身保险，就像我一样。要想避免不必要的债务麻烦，就必须控制自己的开销，使其低于你的收入，否则就真是挥金如土了。

现在的很多年轻人不愿将钱存进银行或家里，为了让自己过得更加愉快，他们常常将这些钱用掉，或去南方过一个温暖的冬季，或买两辆新款汽车，或周末去奢华的餐厅享受美味佳肴。他们周密地制订这些奢侈的财务计划，犹如吸毒上了瘾，从来不认为这种理财方法是错误的。

你要学会管理自己的资金，这样才能获得更多的财富。控制开销为的是积累你未来的财富，虽然它不能让你短时间暴富，但能够让你更好地照顾家人，让你摆脱债务的烦恼。这样积累的资产肯定能够为你创造更多的财富，同时让你真正体会到生活的快乐。

很多人错误地认为，上帝早已安排好自己的命运，这是谁也改变不了的。其实，命运掌握在自己的手中，每天的生活是你自己安排的，只有你才能改变。人们总是想拥有更多的金钱，认为有了钱就可以生活得幸福、快乐，想怎样就怎样，但事实与此相反。

作为你的父亲，我永远不会去调查你将钱用在了哪里，我也没有这个权力。你必须提供相应的保证，我才能借给你钱：我可以借给你 1 000 美元，但你要支付我 20% 的利息，每周从你的工资收入中扣除 50 美元。我希望你在我写好的协议上签字，认可我的这个意见。你可能会说我太严苛，可是你借钱只是为了付清“预想不到的花费”，我认为这个条件还是比较宽容的。

爱你的父亲

十

亲爱的小约翰：

听说你在股市上赔钱了，我既心痛又惋惜，因为你的态度，而不是因为钱。你说你是上了一个名叫詹姆斯·基恩的著名股票交易商的当，这只是你为自己开脱的借口。我不想批评你，也不想给你讲什么大道理，指导你以后应该如何去做。

“什么也不说，什么也不做”是我一直以来的做法，我认为这才是真正的教训。

你知道吗？你总是犯一些细节性的错误，而且喜欢找借口开脱，我对你的这种行为很不满意。犯了错误，你习惯找借口掩饰，成功推脱责任后就自鸣得意。然而，洛克菲勒家族流传的观念是，优秀的人从来不找借口。身为一个男子汉，遭遇失败要勇敢地承担责任，努力寻找方法解决困难。

你要做的是寻找犯错的真正原因，并想办法改正它，对自己一定要诚实。费尽心思让别人相信你的借口是一种自我欺骗的做法，犯了错误，就要勇于承认并改正，然后加以弥补。为自己的错误找借口只会让你养成遇事逃避的坏习惯。一个人犯了错误并不可怕，可怕的是犯了错还不承认。当面临挑战的时候，人们总能找出无数的借口为自己开脱。然而，最重要的事情不是找借口，而是找出错误的原因。

生活中，有一些人明明做错了事，却习惯狡辩，企图逃脱自己的责任；他们常常用自认为不错的口才将责任推给他人，或找一些客观理由。他们或许能够成功地逃脱一次两次，然而，正是有了这一次两次的成功，他们开始有了侥幸心理，于是胆子越发大了起来，错误也会随之增多，他们不断地寻找借口逃避责任，最终只会酿成大错，坠入无底深渊，再也逃脱不了。

有一次，一个名叫安东尼的中年工人来办公室找我。他常年工作在公司最底层，随时都有可能失业。他情绪激动地向我抱怨他的上司不给他机会。

“你为何不主动争取呢？”我问他。

“我认为主动争取的不是机会。”他的神情仍然充满了激愤。

“你能讲讲事情的经过吗？”

“前段时间公司派我去海外营业部，可是我都这么大年纪了，那样的折腾怎么承受得住呢？”

“你为什么会觉得这不是机会，而是一种折腾呢？”

“这不是明摆着的事情吗？所有人都知道我有心脏病，偏偏让我去那么远的地方，公司本部不是有很多职位吗？”

这位先生真的有心脏病？是不是所有人都知道？我对此无法确认。我真心希望他消消火，即使他真的患有心脏病的话。不过，我觉得他是在为自己找借口，这是一种相当严重的职业病。

喜欢为失败找借口的人，通常会抱怨没有机会。那些成功人士不仅能为自己的行为和目标负责，而且能享受自己取得的成果，所以他们根本不需要找借口为自己开脱。借口时常萦绕在耳边，不停地对我们说：“我不能做某事是有原因的。”长此以往，我们便不自觉地认为这种说法很正确。你如果也存在这种情况，那么你可以做一个实验：一旦用到“理由”这个词，你就将它换成“借口”。这样做以后，你就会发现自己将羞愧难当。

实际上，尽量不让自己犯错才是为自己开脱的最好办法。不过如果真的犯了错，就要坦然地承认，不要绞尽脑汁地去掩盖。“欲盖弥彰”不正是这个意思吗？犯了错误，越想掩盖，错误越是明显。可是如果你老实承认错误，你会发现，这个错误并不会给你带来众人的轻视。不仅如此，大家反而会对你的诚实大加赞赏。

只有爱耍小聪明的人才会喜欢找借口开脱自己。耍小聪明必定不会长久，所以我认为，无论什么时候，你都要诚实一点，这才是最好的办法。

有些人接受任务后，总是喜欢说自己得了病。你好像总在假期前后生病，人们难免会认为这是一种巧合。我觉得，这些人应该多想想自己的缺席给他人带来的影响，而不要随随便便就请病假。做人要诚实，需要放假的话，要么从自己的假期中扣除，要么老实地向公司申请；假如你真的得了病无法工作，那么就早点通知上司。不要没病装病，更不要以生病为借口。

没有人愿意生病，但是，生病的确是一些人休假的最好理由。或许每个人都遇到过以生病逃避工作的人。这种人往往不愿意工作，想以生病为借口逃避一两天。

一个人想获得休息，之所以第一个就想到了生病这个借口，是因为没有人会严厉要求一个生病的人，任何部门都不会。然而，只是为了获得休息的机会就撒谎自己生了病，就太不划算了。你可以偶尔欺骗一下你的上司，可是你欺骗不了自己。你一旦养成这样的习惯，无意间会让你的一生染上了一种爱撒谎的怪病。习惯成自然，原本健康的你便成了真正的病人——一个心理病人，因为你必然得找一些证据来圆这个谎言。

如果你足够清醒，你便会明白，人最可怕的是得了心理病，而不是生理上的病。如果你的心理出现了毛病，你的一生都会受它的控制，再也无法解脱。如果真的到了这种地步，你说是不是很可怕？

因此，我建议你要以正确的方式获得休息的机会，而不要拿生病做借口。即使是一个健康的人，如果总是说自己有病，久而久之也会使自己的身体受损，从而变成一个真正的病人。当然，你要是真的想让自己成为一个病人的话，那就另当别论了。

我奉劝你好好反省一下自己，假如你是一个喜欢找借口的人。克服这个毛病，开始勤奋工作吧。不要带着借口，而要以诚实的态度去工作。你的付出终将给你带来回报，你的努力终将给你带来收获，除了借口。付出与得到往往是成正比的，我们付出越多，得到的就越多。

爱你的父亲

十一

亲爱的小约翰：

我听说你最近跟巴特行长闹了点小矛盾，还听说你曾扬言："我们不需要你的支持。"约翰，你错了。要知道，资金对我们实在太重要了，虽然目前我们也许不需要额外的流动资金。商人视信誉为生命，银行会随时给那些有信誉的人贷款，而不会给那些不讲信誉的人一分钱。

当年我到处筹集资金，想建立自己的公司。可是当时的我只是一个没有担保的小伙子，银行认为将钱借给我风险太大，所以没有银行愿意借给我。我为此事非常苦恼，正在这时，你的祖父对我说，每个孩子年满 21 周岁后，都可以从他那里得到 1 000 美元，不过我可以提前拿到这笔钱。约翰，你无法想象我当时的喜悦与激动之情，但他很快又告诉我，我必须向他支付 10% 的利息。

我了解你的祖父，他这样做并不是为了得到高额利息。条件虽然苛刻，我还是欣然接受了，有人或许会觉得冤枉，对我的接受不予理解。然而，我非常了解克利夫兰当时的借贷形势，当时的我只是一个一无所有的人，手上没有什么可以抵押的，尽管我具有值得信赖的品质。像我这样的人，如果找不到一个有钱有势的人为自己担保，是借不到款的，谁也不愿意将钱借给这样的人。在克利夫兰，我找不到几个人能为我担保，你祖父可以，可是请求他为我担保向别人借钱，不是有点舍本逐末了吗？我倒不如直接向他借钱。再说，我对自己的父亲还是比较了解的，他顶多是向我展示一下他那过度的聪明才智，向他借钱又不需要担保，我为什么不愿意接受呢？

万事俱备，只欠资金，所以资金一到，公司就开始运营了。新公司的生意特别红火，令我们兴奋不已。可是好景不长，我们又遇到了老问题——我们需要大量的资金投入，我只好再向银行申请贷款。

那段时间，我整天在银行和私人金融家之间来回奔波，相当辛苦，不过我的付出没有白费，一个和善的名叫 T. P. 汉迪的老银行家愿意用我们的仓库收条作为附属抵押物借钱给我。这是我从外界借到的第一笔资金。

当我拿到这笔 2 000 美元的贷款后，感觉整个人都飘起来了，我不停地告诉自己："看吧，我现在已经是一个有身价的人了，银行居然将 2 000 美元借给了我！"汉迪让我向他保证，绝对不将这笔钱用到投机生意上。我在克利夫兰金融界又认识了一位良师益友，他将影响我一生，这是我当时真切的感觉。汉迪不仅是一家银行的总经理，还是一所教会学校的校长，他严肃而正直，他对我的品行及生活习惯的了解是从艾萨克·林伊特那里得知的。

我认为，一个人日常的行为表现决定着他是不是值得信赖。当初我曾在伊利大街浸礼会布道教堂担任重要职务，这让很多银行对我刮目相看。由此来看，信誉是商业贸易中最重要的因素。

记得有一段时间，我们遇到了一个难题：公司的面粉、谷物、猪肉缺少足够的火车车厢来装运。为此我天天跑到一位铁路官员那里请求帮助，后来他实在忍受不了我的纠缠，便冲我呵斥道："年轻人，我不是你的员工，你明白吗？"

也就在这个时候，我们公司最大的客户要求在拿到提货单之前给他付钱，这是违反传统的行业惯例的，我没有答应他。可又不想失去这个客户。他怒不可遏，最后我只得回过头来向合伙人承认，我没能留住这个客户，这很没面子的。其实这个客户蛮不讲理的行为是受当地一家银行的授意，他们想考验一下我是否经得起诱惑，能否坚持一贯的原则，不过这个消息是我最近才得到的。现在回过头来看，当时我应该已经在克利夫兰树立了讲信誉的好名声，这个名声的价值远远超过任何有钱人或官员的担保。

我后来成了俄亥俄州银行的董事。可是我根本没有时间去迎合那些思想保守的银行董事们，也没有精力去在乎那些交际上的烦琐礼节，所以这个董事的身份对我而言不算什么。当时银行刚引进了新型的金库锁，引发了诸多问题。每逢董事会，几个年迈的绅士都正儿八经地坐在会议室里进行热烈的讨论，这也挺正常的，刚开始的董事会议我还是参加的，可是我还要处理很多事务，也就不去参加了，我哪有那么多的时间和精力耗费在那种会上呢。

过去我向银行贷款总是低声下气地去请求批准，自从我成了银行董事后，我再贷款就容易多了，这一点好处我不得不承认。正处于发展中的工商企业往往需要很多资金，要借到所需的资金有着难以想象的难度。那时与银行打交道，我时而小心翼翼，时而大胆冒险，总是在晚上为庞大的贷款而担忧，而第二天早上又精神百倍、神采奕奕地去借更多的钱。

南北战争后，为了刺激经济的发展，政府发行了新纸币，建立了全国性的银行系统，大量发放贷款。T. P. 汉迪和克利夫兰其他银行家认为我是一个前程光明的年轻企业家，非常信任我，我从他们那里得到了巨额贷款，当时的我几乎是靠银行贷款来支撑的。我一直在努力，向他们证明我是一颗商界冉冉升起的新星，如果他们看不起我，后果将会很严重。

一位名叫威廉·奥蒂斯的银行家曾答应贷给我最大限额的

资金，于是我找到了他。当时银行的一些董事担心我又是来谈贷款的事的，我对他们说："无论什么时候我都愿意向你们展示我的偿还能力，我在下周需要更多的资金，需要投资一个重要的项目。我可以将企业抵押给银行。"就这样他们相信了我，我们之间建立了良好的合作关系。在当时，银行家们对每一笔贷款都保持高度紧张，要想获得贷款，必须学会抚慰他们。你在借钱时千万不可显示出你的急切，这是一个基本的技巧。

记得有这样一件事：一天，我在大街上边走边想，当时我急需 15 000 美元。这时当地一位银行家的马车停在了我身边，银行家突然问我："洛克菲勒先生，你想借 50 000 块钱吗？"这太出人意料了，激动得我差点跳起来，真想立刻就答应他。可是我还是控制住了自己的情绪，盯着他看了好大一会儿，才漫不经心地说："您给我一天时间考虑考虑，可以吗？"最后我们签订了借款协议，而且以对我最有利的条件签订的，我觉得这个成功正是因为我平淡的态度。

我对自己的性格非常有信心，尤其在浸礼会派企业家中，而这正是取得信任的最好方法。另外，必须坚持自己的做人原则，正是这一点让银行家们对我信任有加。比如说，我一向以事实为依据去说话，从不虚构或用模棱两可的语言去讨论问题，而且只要手中有了钱，我会马上还清贷款，正是这种做事态度，让我获得了信任。

我必须承认，银行在我刚创业的时候曾帮我解决过很多困难，让我走出危机。有一次，我的一个炼油厂遭遇了一场大火灾，保险公司还没有做出理赔，而一家银行的董事们迟迟不愿给我追加贷款。正在这时，银行的一个名叫斯蒂尔曼·威廉特的董事，让手下拿着他的保险箱走进了会议室，挥着手对董事们说："先生们，这些年轻人很棒，如果他们申请更多的贷款，我要求我们的银行贷给他们，不要犹豫。如果你们有顾虑，那就用我的保险箱作保吧。"

对他那勇敢而强有力的支援，我发自内心地感激，正是因为他的支持，我获得更多的信任。我一次次地挺过难关，这是上帝对我的眷顾，感谢上帝！

资金的支持是一个商人奋勇前进的保障，缺少了它，任何人都难以成功。我总是让手里握有足够的资金，以备不时之需。就凭这一点，我就足以在很多竞争中获得胜利。有一次我在银行的大力支持下，在危急之时买下了一家炼油厂，我对此事的经过一直记忆犹新。

当时购买这家炼油厂不能用证券，只能用现金，而且要几十万。大约中午时我才得到消息，而在 3 点之前必须完成任务。我跑遍了当地的所有银行，请求第一个接见我的人，无论是总裁还是出纳，为我准备资金，能准备多少就准备多少，我过一会儿就来提钱。我跑了一家又一家银行，然后又返回来一家一家地取钱，最后终于拿到了足够的现金，坐上了 3 点钟的火车，完成了交易。

从这件事上，我深刻体会到，只有在平时与各大银行保持长久的信任关系，才能在紧要关头妥善解决问题。

爱你的父亲

十二

亲爱的小约翰：

选择是一件很困难的事情，当你在高级经理人研修班与工作之间进行选择的时候，是不是体会愈发深刻？现在你一定很郁闷吧！我也时常面临选择，每当这个时候，我都会告诉自己，下一个 5 年终究会过去，无论怎样选择。这句话具有神奇的力量，在它的作用下，我总能做出理智的抉择——行动。然而，在做与不做之间，似乎可以用这种办法解决，当面临做这些与做那些之间进行选择的时候，该如何是好呢？我也遇到过这种选择，比如用长期存下来的钱交学费还是买睡椅。

对这种选择，一个朋友极为含糊地说了一句："既然难以选择，那就两者都做。"我问他，欣赏秋景是去新英格兰好还是去宾夕法尼亚好，他就是这样回答我的。当时我听后觉得很奇怪。可是我们一看地图，才发现真的可以这样做，可以从俄亥俄州向北去新英格兰，然后经宾夕法尼亚绕回来。这样的旅行可谓是穿行在花海之中。由此我才发现他那句话的奇妙。我喜欢上了那句话，而且喜欢那样去做。

这个周末我是去乡下，还是应邀参加城里的周日午餐会呢？难以抉择时，两样都做。先去乡下，不过要尽早回来，周日去参加午餐会。继续进修，还是工作呢？两样都做！其实，在很多情况下，只要我们行动起来，完全可以去做两件事情，根本不需要在两个选择之间犹豫不决，这就是那句话的深刻含义。与只选择一种而放弃另一种相比，这种做法要明智得多。

约翰，你经常面临选择吗？是不是有时感到没有什么选择？人，每时每刻都会有选择，没有选择的说法根本就不成立。你之所以有那样的感觉，是因为你认为你只能做一件事情，这件事也是别人想做的。如果你感觉自己无计可施，那就换一个角度试试吧。

你所做出的选择会带来什么样的结果？你尽管思虑再三，也难以预料到，因为任何事情都存在很大的变数。如果让你去完成一项伟大的、困难重重的任务，你肯定会觉得根本无法完成，这只是表面现象而已，如果你脚踏实地、循序渐进地去做，突然有一天你会发现，自己已经完成了这项艰巨的任务。

那些勇于冒险而又坚持不懈的成功者是怎样做的呢？他们总是问自己：可能会发生哪些糟糕的事情？这种做法很有说服力。你的阿里叔叔曾经在纽约市一家公司身居要职，受众人敬仰，可是他后来却到新罕布什尔做起了小生意。我问他哪来的勇气让他做出这样的决定，他回答说："我想自己做生意。"

那么，可能发生哪些糟糕的事情呢？生意可能会失败，可能变得身无分文。身无分文后又会发生什么糟糕的事情呢？为了养家糊口，只能再去找份工作。找了工作又会发生什么糟糕的事情呢？因为我讨厌受雇于他人，所以会对这份工作再次产生厌倦，我会再寻找一条门路从事自己的生意。后面会发生什么呢？因为我已经知道怎样避免失败了，所以这次我将获得成功。

尊重自己的心愿，就是对生活最好的负责。我的一个朋友，80岁了，而且身体逐渐衰弱，照他的情况，是留在家里呢还是住进疗养院呢？按理说，他选择住进安全的疗养院才是最明智的做法。可是他经过再三思考，还是留在了家里。直到现在他都86岁了，还在独自愉快地生活，根本不需要朋友的帮助，一切应付自如。

与此相反，另一个老朋友说自己累了，想得到别人的照顾，就去了疗养院。在那里，他的确被人照顾着，整天被安排躺在床上，被移动来移动去，他当初的要求得到了满足，可是现在他却厌倦至极。所以在进行选择的时候一定要慎重考虑，否则你的选择很可能会带来严重的后果。

就好比艰苦的实践一样，艰难的选择会让你更有力量，让你竭尽全力。在进行选择的时候，随大流或许很有诱惑力，特别是在面临一个比较困难的选择时，选择随大流可能是最轻松的。可是当有一天你回忆过去时，你会发现，随大流压根儿不是一种最好的选择，尽管它也是一种选择。

生活就是生活，它不会给你准备的时间，让你试着跑一回。千万不要因为不负责任而让自己白活一回。要知道，生命是短暂的，终有一天会过完，你有没有白活，是不是活过，只有做出正确的选择才有资格评论。你必须认真思考，并行动起来，就算你的选择没有实现自己的愿望，但是付诸行动总能为成功增添可能性。不去行动，只会让你再次面临选择，到那时你很可能又会选择随波逐流。

今日事今日毕，甚至争取完成明天的工作，不可把今天的事情拖到明天去做。要想解决问题渡过难关，就要立即行动。

拖延，你将一直原地踏步。现在不去做，很可能永远不会去做。做任何事情，唯有下定决心、立即行动才能出成果。

爱默生说：“‘是时候行动了’比任何念头都更有力量。”我认为，除了行动起来，你的任何希望、梦想、野心或创意都不会实现，无所不能的上帝不会平白无故地赐给你的。

世上的大部分人的一生都过得平淡无奇，碌碌无为。难道这些人太懒惰、太笨拙，还是他们经常做错事？非也！他们之所以没能成功，主要原因是他们选择不正确。他们不知道成功和失败的区别。要知道，马上行动，向目标前进，是获得成功的首要原则；而持之以恒，不断努力，则是成功的第二条原则。

现在就马上行动吧，不要去等待奇迹的到来，等待不能帮你实现梦想。每天散散步，对一个胖人而言并不是太困难的事情，可是如果马上行动，并坚持不懈，就会出现良好的效果。再说了，你的体重确实能在散步过程中有所下降。要想达到目标，只有立即行动，否则一切都是空谈。今天很快就会过去，要想不后悔，就马上行动吧。行动是消除焦虑的最佳方法，现在就是开始行动的好时候，只有行动，你才能没有烦恼，勇于行动的人从来不会体会到烦恼的滋味。

不要等到所有事情都准备齐全后再行动，那样你永远成就不了大事。人生的意义不在于拥有什么，而在于做了什么，该行动时不去行动，根本创造不出有意义的人生。付诸实践要比夸夸其谈强百倍，智慧加上行动，才能获得丰富的经验。只有登上山顶才能欣赏到远山的美丽风景，要想吃到可口的面包，只能自己动手去烤，上帝只会赐予你大麦。只有孜孜不倦地去行动，才能为日后留下美好动人的回忆。有智者总是默默地行动、努力，只有愚蠢的人才会纸上谈兵。

从现在开始，朝着你的远大理想奋勇前进吧。行动有哪些步骤呢？现在就将它们写出来，然后一条一条地付诸实践。无论是今天还是明天，都要立即行动起来！如果你想扩大销售业绩，那么你就要多去拜访客户，增加拜访的次数和人数。为自己设定一个行动目标，然后认真遵从！

马上去报名参加特殊的职业教育培训吧，如果你认为自己需要的话，交学费、买书、上课，并认真做功课；马上行动起来吧，如果你想学油画的话，去寻找适合你的油画老师，购买画具，并认真练习；马上行动吧，如果你想旅行的话，认真安排、规划你的行程。

行动决定成败，空谈只是枉然。一个实际的行动胜过千百句空话。今天就开始行动，并且持之以恒，不管你面临什么困难。

约翰，开始行动吧，今天是个好日子！

爱你的父亲

十三

亲爱的小约翰：

今天上午，克罗希尔告诉我，哈佛大学邀请你为学生做报告，讲一讲你上学时进行社会实践的事情。我听后非常高兴，这是一个令人自豪的任务，你做好准备了吗？我想还没有吧。

演讲也是一门学问，需要注意很多事情，我这次给你写信就是想谈谈这个问题。当众演讲既要有胆量，也要讲究说话的技巧，要想把自己的意愿转化为行动，必须先说服别人。我清楚地记得，在演讲中你总是会很紧张，你不会愿意做一个失败的演讲者吧，这样的称呼不仅不会给你带来任何好处，相反它会给你带来很多负面影响。那么，如何才能成为一个优秀的演讲者，掌握引导听众的演讲技巧呢？下面我将用自己的经验来谈一谈。

我先讲几件事吧，免得你过于紧张。据调查，死亡、自然灾害或中情局调查并不是美国人最恐惧的事情，美国人最害怕的是当众演讲。这一结果令我有点吃惊，不过我能够理解其中的感受。我年轻的时候，非常腼腆，在与人交往中，让我当众讲话，犹如让我上刑场；在公众面前演说，更让我痛苦万分。

给你讲讲我第一次演讲的事情吧。当时我万分紧张，最终选择了闭着眼睛说话。当时我唯一的心愿就是听众们能够悄无声息地离开，当我讲完睁开眼睛才发现，观众席上果然只有一名听众，我的心愿实现了。他看上去像一名学生，坐在那里，一脸的忧愁。他仿佛给了遭遇大难的我一丝慰藉，我走过去问："您为什么没有离开？"他一脸郁闷地回答："下一个发言人是我。"

后来，我找了很多总统竞选的录像带来看，发现一个候选人在论证自己的观点时只是点到为止地用了几个资料，而另一个人则详细地罗列了很多数据。结果怎样，你知道吗？第二个人失败了，数据是不是详尽，民众并不在乎。不过在第二轮的辩论中，这位候选人没有再像第一次那样事无巨细地叙述，他克服了自己上次所犯的错误，获得了民众的一致好评。我从录像带中获得了不少经验。

演讲是以影响听众为目的的，它不是口头考试，不需要演讲人在讲台上证明他懂得深奥的数字意义。现在我不会向听众说去年我们销售多少件产品，而会说我们去年的销售额是多少万元；我不会说每次增长了多少个百分点，而会说我们去年的销量在稳步上涨。准确的数据和日期通常用在年度报告里，让读报告的人在空闲时间认真推敲这些数据，它只是一种修饰手段，不适合用在演讲中。听众们只关注你的事业正在蓬勃发展中这个事实。

在演讲中不停地看演讲稿，也是一大错误。有一次，我给一所大学演讲完后，问在座一位朋友，我这次演讲怎么样，结果令我大吃一惊，他对我演讲中的一举一动都记得非常清楚，我认为他在开玩笑，他说："我没开玩笑，事实上我也只记得你的头发。因为你给了我们很多欣赏它的机会，我认为在座的每一个人都会记得你有一头漂亮的头发。我们先是看到你的发线，然后，大约每隔一分钟，我们就可以看一看你漂亮的头顶，就差你的后脑勺没看到了。或许为了让我们能从不同的角度欣赏你的漂亮头发，你应该在谈话中转几回身。我一直在想：是谁给你理的发呢？这次演讲的效果真的很明显啊！"他的回答令我惊诧不已，听众们因我不停地低头看演讲稿而分了神，从而只顾看我的头发，而没有把注意力放到我的演讲上，这不是我要的效果。我又向其他一些人征询了意见，他们都认为我没有熟练掌握演讲内容，才会一直低头看稿。

演讲要注意的另一重要事项就是掌握好时间。我曾有两次发言让人们忍无可忍，第一次是给某高中一年级的新生做演讲，我讲完后发现，他们一个个面容憔悴，神情不耐；第二次的演讲对象是耶鲁俱乐部的一些成员。这些人的岁数都很大了，最年轻的也 75 岁了。讲到中途，我听到室内鼾声四起，往下一看，不少听众都低下了脑袋。我顿时明白了他们的意思——我的发言时间过长了。

失败乃成功之母，我从这两次失败的演说中吸取了教训，进行了自我检讨，然后发现，首先要克服自己的紧张问题。我找到了自己的问题——紧张，害怕面对众多听众，之后便开始寻找如何与他们打交道的方法。其实在与某个人谈话时，我一点也不紧张，所以我认为可以尝试着不把听众看成是一群陌生人，这样我可能就不那么手足无措了。

找到了方法，我马上采取措施。众多听众在我眼中成了具体的某个人，一个友好的、邀请我到他卧室闲聊的朋友。我还为这位朋友设想出具体的容貌，他的外貌在不同的例子中有不同的样子。假如听众坐在一个比较暗的地方，我就将他移到中间位置；假如听众比较清晰可见，我就从中选一位比较慈善的面孔，想象他是我的一个朋友。如此一来，演讲对我而言就成了与老朋友闲谈，演讲起来就亲切、愉快多了。采用这种办法，我觉得自己不再是面对一群陌生人讲话了，也就不那么紧张了。

我要解决的第二个问题是讲话啰嗦。回过头看时，我发现前两次的演讲稿都太详细了。即使是最擅长演讲的人也会因为演讲中的事无巨细而陷入困境。于是我有的时候就不再用演讲稿，而是提前列出自己要讲的内容大纲，演讲过程中如果发现讲偏了，就看看大纲。我将演讲看成是与某个人进行交流。

如果你接到邀请，15 分钟后来我办公室谈谈你是如何看润滑油事业发展的，你来的时候很可能会带上一份准备好的稿子。其实，你应该即兴表达，只需提前整理一下思路，保证不将要点漏掉就行。如果你的谈话就像从磁盘上放出来一样，那就太没意思太枯燥了。你应该绘声绘色地说出你的观点，让人觉得你是这个问题的专家，你的观点是经过一番思考得出的。也就是说，如果你摆脱了机械演讲的束缚，就可以围绕着主题侃侃而谈，而不会因为紧张而卡壳。

一旦在演讲中收放自如，你就不会受时间的约束了。如果你的演讲时间被限制得很短，那就要尽量简明扼要地去讲；如果给你的时间很充分，而你的发言又比较简短，那么你就要向组织者说明，你讲完后请他们来补充，而不要七拼八凑地扯些没用的。如果负责人不答应你的请求，你也无须担心，只管按自己的计划演讲就可以了。

我尽量让自己的演讲简短精练，除非幽默故事能说明问题，否则绝不乱用。演讲时，如果引用过于可笑的故事，会使演讲中断，无法连续，那么我就尽量不去引用这样的故事。还有一个需要注意的重要事项，那就是要以乐观主义的态度去结束演讲，这样你的听众才不会失去希望，即使你的演讲内容相当晦涩。

或许你会认为我所说的故事和经验并不那么有用，但我还是希望它们对你的演讲能起到积极的作用，我期待着你激情四射的演讲！

爱你的父亲

十四

亲爱的小约翰：

最近我从你的妻子那里得知，你已经连续四个星期回家特别晚了。据说你之所以每天工作得很晚，是因为公司有一个顾客服务项目没有得到充分的实施，你正对这个项目进行分析，策划改进的方法，准备调查报告。我知道这个项目对公司意义重大，是非常重要的调查。你工作积极、勤奋，我很欣赏，但是，自己的职责是什么，你真的清楚吗？

难道你没有觉察到公司存在的问题吗？公司的其他管理者跟你一样忙，没日没夜，没有节假日。可是他们的忙碌并没有多大效果，因为他们的责任心似乎越来越差了，工作的热情越来越少了，这样的忙碌能有多高的效率？你所做的很多工作是不是本该属于下属的活？你是元帅，不是一名战士；你的工作不是管理而是领导，你要给下属施展手脚的空间，让他们尽情发挥自己的才能。这是一个令众多领导都头痛不已的问题，即如何进行有效授权的问题。

很多人问我：“一个人能否同时经营几家公司，每年还能休假两个月，自驾去旅行，享受大自然的乐趣？要如何才能做到这样呢？”约翰，知道我是怎样回答他们的吗？我说：“要学会授权，将日常业务托付给有才能的管理者。”

你可能会说我的回答太简单了点，很少有经营者能够将自己的工作委托给他人，以此训练下属，提高下属的工作能力。我一直很纳闷：人们为什么不愿意将工作委托给下属呢？不信任他们吗？下属很笨吗？害怕他人胜过自己吗？我想后者可能是主要的原因。之所以不敢把工作委托给他人，“因为他的能力可能比自己强”。

由此可见，如果一个经理不敢或不想将工作委托给下属，那么他一定对自己的能力很不自信。假如我们的公司有这样的经理，就是失职；如果有这样的管理者，事业也就失去了根基。

只要有机会，作为领导者就要鼓励他人，提拔重用他们。人生在世，最快乐的事情就是与他人分享快乐，而柔和地鼓励他们则是赠予他人的最宝贵礼物。有人对管理者的工作进行清查，发现主管的工作中只有20%事关公司存亡，他只需要处理这部分工作就行了，剩下的80%则可以授权给别人。可以授权的工作包括：日常事务性工作、具体业务性工作、技术性工作、代表其身份出席的工作、普通客户接待等；那20%的工作包括：企业战略决策、重要目标下达、人事的奖惩权、发展和培养部属等。所以，管理者必须明确划分自己的职位职责，才能更好地授权。他可以依据责任大小将工作分类排队，自己只需要做最重要的工作，其他工作全部委托给部下。

在此要强调一点，不管你将多少工作委托给他人，也不能轻易放下自己的责任。身为管理者，一旦放下自己的责任，那就意味着他是退位而不是授权了。授权不仅不是放下责任，而且会使责任增大，无论是对自己还是对下属的工作成绩都要负全部责任。而主管总是错误地认为，一旦授权，就等于将责任和权利一起交给了下属。如果下属没有完成任务，他就追究下属的责任。

其实，道理你都懂，你之所以决定自己写工作报告，而不让秘书帮你，是因为你认为这样太耽误时间。我想跟你谈的正是这个问题。为了更加审慎，在写重要报告的时候要确认以下5个程序：一、设定目的，即这份报告要说明白哪个问题；二、需要什么样的资料才能得出与目的相符合的结论，应该如何去调查、选择；三、收集必需的资料；四、系统地整理已有的资料，以求能够正确地进行分析；五、最后分析所得出的结论。

仔细评价下属的能力、野心、欲望，是明智授权的首要原则。下属一旦得到机会，将会取得令人震惊的优异成绩。而且，当他刚刚接下新任务时，他肯定会充满干劲地来上班。在工作中，最能激励人的是自己的能力受到重视，而不是加薪。如果你知道下属在接受任务后工作得非常出色，你肯定也会欣喜万分。

你一旦将重要的工作任务下放给下属，就要及时给予指导。你要将自己的经验与他们分享，这样才能使能力超强的管理人员和忠诚可信的下属融合在一起。在实业界，往往是一些杰出的教师能够获得巨大的成功。一个杰出的教师通常能够支持和鼓励学生，耐心挖掘他们的潜在能力。

如果你确定了人选，完成了训练计划，那么将一部分工作委托给他们，让他们开始工作吧。你的委派能否取得成功，要看管理新分配任务的系统是否合理。假如你想掌握工作的进展情况，你就要有效地与下属沟通。此时你的信心最为关键，你要相信他们能够为你完成这项新任务；而你要做的就是支持他们，使他们能够克服困难。

约翰，向最出色的人才提供最恰当的机会才是你的工作。说穿了，你要做的就是交流思想、分配资源，然后放手让他们去工作。少管理意味着好管理，这种管理艺术是一种建立在企业策略、企业文化之上的崇高的经营平台，是一种管理境界。

只有进行合理的委任授权，才能做到“少管理”“有效管理”。凡事亲力亲为，必然导致效率低下，降低员工的工作积极性。所以，你要给下属提供一个充分发挥能力的平台，充分相信他们，给予他们相应的权利，鼓励他们独立完成工作，而你只需给予必要的指导和监督。

理想的公司或某个部门，要建成金字塔的模样。塔顶的位置属于你，下面有多少层牢固基石，关键在于你选择、训练、信赖、监督或晋升下属的能力。令人遗憾的是，很多管理者对此难以理解，唯恐提拔下属会威胁到自己的地位。我不清楚你的情况，不过我对自己的金字塔基石信心百倍，每晚睡得都很踏实。

世界上的第一座金字塔是在大约公元前 2600 年，由埃及的斯内夫鲁王建立的，不过他的继承者胡夫王建立的吉萨金字塔则更加完美。我希望你能像胡夫王那样，建造起属于你的金字塔，将它建得更加完美。

爱你的父亲

十五

亲爱的小约翰：

那天我灵机一动，就穿上搁置多年的工作服来到了公司，我很久没到公司来过了，或许此次只是我下意识的举动。我的突然到访好像惊到了你，而到访的结果却惊到了我。

我一走进大厦，就觉得亲切无比，很多老员工问候我。我不由自主地走到你的办公室，我没有提前知会你，所以你对我的到来很吃惊。

你让我谈谈对公司有什么感觉。我对你的工作成绩还是比较满意的，与我在这里的时候一模一样，工作井然有序。可是当我得知维奇已经辞职时，我大吃一惊。培养员工是需要成本的，将一个员工培养到具备上岗能力，需要花很多经费，你怎么就如此轻易地让他辞职了呢？培养不同的人才，所花的经费是不同的，所以，你只有降低离职率，才能最大限度地提高经营效率。如果接二连三地辞退刚培训完的员工，公司的大部分利润将花费在训练员工上。正因为这样，公司必须为部下创造一个良好的工作氛围。

据你所说，维奇经常反对你的方案，对这样的部下你忍无可忍，于是你们吵了一架，两天后维奇就提出了辞职。由此可见，他是因你而辞职的。我不由自主地想到了一句话：人生在世不仅要相互谅解，还要相互理解，一个小小的善举胜过对所有人的热爱，自己的路往往因为不原谅他人而阻断。

13 年来，维奇对工作一直兢兢业业，踏实勤奋，这是有目共睹的。当然，他偶尔也会做一些出格的行为，我通常不会在意，这些举动跟他的优点相比，又算得了什么呢？我完全不同意你对他的评价——他是潜藏在公司的一条毒蛇，时刻准备着趁人不注意咬人一口。

当时我管理销售部时，他一直是一个非常合格的员工，尽管在性格上有点孤僻。你和他结下仇怨莫非就因为他的古怪性格？我曾经也害怕他的古怪性格会影响到工作，于是认真调查了他的脾气，由此发现一个特别有意思的现象，并因此对周围产生了一些看法。

世界很大，却很难找到两个想法完全相同的人。造物主的造物本领实在是神奇，人与人不仅外表不同，想法也各式各样。可是，对这种区别，人们总是熟视无睹。

我们要把注意力放在他的工作业绩和工作态度上，无论你对他的性格是不是喜欢，无论他脾气乖张、古怪还是顺服、柔和。一个员工只要不给他人造成麻烦，让人不舒服，无论他一天擤一次、两次鼻涕还是一千次鼻涕。我们不能因为一个人性格古怪就辞退他。

人无完人，任何人身上都存在一些奇怪的癖好。尽管这样，我们仍然要共同工作，一起奋斗，从而建立规模庞大的产业集团。我们之所以觉得某个人的脾气乖张，主要是因为他们的看法、观点与自己的不同而已，因为大家的人生观、生活观不可能一模一样。

所以，我们千万不要以自己的标准来衡量员工。如果我们不去触及员工的内在癖好，不在意它们，我们就能成功地组建一个高效的经营团体。假如领导者不这样做，经营团体是组建不起来的。每个人都会有这样那样的小毛病，完美的员工是不存在的。

你要认真研究一下维奇先生辞职的原因，这将有利于你今后的用人。听你说，他的脾气实在太古怪，怎样也无法让你满意。你要记住，我们是一个企业，与智慧相比，个性往往更崇高。日本排球界的传奇人物大松博文曾说："如果一个人没有一点个性，那么他做出来的产品将很普通。要想创新，找出新的方向，只有在工作中充分发挥个性。"维奇在我们公司工作的 13 年间，我没有听到过一个员工反映对他的不满，你是不是应该从这个事实中反省一下自己？

当然，喜欢与人搞对立的人还是存在的，这些人总是耽误公司的工作，一旦遭到批评，他们就会像刺猬一样竖起全身的刺来保护自己，你责备他，就是在伤害自己。不过维奇不是这类人。对一个企业家的用人心态，你还没有真正了解。这种心态有以下 4 个要点：

第一，作为一个企业家，要想做到人尽其才，必须树立"企业中没有不合格的人才"这一人才观。公司的每一个员工只是位置不同而已，个个都是公司的重要组成部分。要想正确地运用人才，只有从思想、感情上将每一个员工都看成人才。

第二，要想将人才拧成一股绳，在选拔、使用人才时，企业家要树立公平、平等的心态。员工与砖瓦、泥灰等建筑材料不同，他们是企业最珍贵的资源，不可将他们当机器一样对待。

第三，企业家要宽容大度，用人时要用人所长，容其所短，这样才能调动员工的积极性。这个世界的一个普遍规律便是，人格上一律平等，个性上存在着很大的差异。

第四，企业家要敢于使用对手或仇人。作为一名领导者，要有容人之心，不可受细节或感情的控制。只有这样才能吸纳各式各样的人才。如果能将人才放到合适的位置上，那么将会发挥巨大的效用。在用人上，企业家要懂得感恩，只有这样，员工才愿意将才能全部贡献给公司。

一个优秀的领导者，能够有效地结合每个部下的特长，使企业发挥整体效应，为企业带来良好的效益。也就是说，睿智的领导者会用人所长，避人所短，趋利避害。如此用人，则每个人都是可用之才，企业会逐渐强盛起来，从而取得一个又一个成功。

每个人都有优点，也有缺点，企业家用人就要舍其短，用其长，至于那些偏才，领导者更要忽视他的缺点。

对你的事业，我并不想干涉，不过，约翰，你还是太缺乏企业家的哲学了。

爱你的父亲

十六

亲爱的小约翰：

我在圣玛丽医院住院期间，你来看望我，我非常感谢。只是我发现你好像有心事。你能把当下遇到的一些麻烦事告诉我，说明你非常信任我，我很欣慰，并表示感谢。你所遇到的问题，任何领导者都会遇到。你对古里特的辞职很困惑，他是你的得力助手，一位极为难得的管理人员。而且布卢斯在两个月前刚刚离开，你很担心，认为有必要将他们离开的原因调查清楚。

你不用着急上火。员工离职无非有以下几种情况：一、员工换工作只是想改变生活环境；二、有的员工不愿长期待在一个地方，这是由他们的性格造成的；三、有些人受观念逼迫，一直想寻求一个理想的工作岗位。这些人无论到什么样的公司都不会工作太久，这样的人只会造成公司时间和金钱的浪费。这些结论都是根据我的经验得出的。

约翰，与员工打交道是门艺术，需要高明的技术。只有将诸多奇妙的关系处理妥当才能当好管理者。作为公司的掌舵人，你要知晓员工离职的原因，然后尽量清除公司内存在的跳槽因素，比如，你要积极支持员工的成长，为他们创造良好的工作环境，提高员工的薪酬待遇等，这样做才能让那些忠诚可靠的员工心甘情愿地留下来。即使他们产生跳槽的想法，但当他们知道你所做的一切时也会犹豫不决。

我认为，公司内导致员工跳槽的原因主要有以下两点：感觉工作太空虚、无聊，产生不了满足感；对薪酬、上司不满意。员工辛苦工作了一天，到头来却没有一点成就感，他们对工作的兴趣和热情就会逐渐淡化，直到消失。作为一个优秀的管理者，应尽一切努力避免不安定心态、厌倦感和不满情绪在员工之间传播，为此你要学会观察，勤于观察。我认为肯定是你最近的管理工作做得不到位，没有真正地去关心员工的利益，这才导致了下属接二连三地离职。

很多管理者不注意与下属的思想交流，你要避免这种情况，每隔一段时间就询问一下下属的意见，比如你平时的工作有没有让他们不满意的地方？他们认为在哪些方面应该改进？等等。很多出色的员工直到离职也没能说出自己的想法。

以前在别的公司上班时，手下有一位老员工告诉我，他好像工作不下去了，工作压力太大了，于是他递交了辞职书。他觉得自己主动辞职总比被解雇好一些。庆幸的是，我及时了解了情况，原来他对自己的工作有所误会，他认为自己肩上的责任太大了。于是我劝他不要背思想包袱，尽管放松心情去工作，并向他讲了对他工作的具体要求。我们沟通之后，他一扫之前的愁绪，信心十足地工作去了，作为他的上司，我也放了心。现在的他已经是那家公司相当优秀的一个员工了，这也多亏我的及时挽留。

很多年轻人个性很强，都希望能够向着自己的理想不断进取，特别是从事销售工作的人。他们一旦看不到晋升的希望，就会产生跳槽的念头。所以，你每隔一段时间就要了解员工的需求，尽早发现并解决他们的要求。有时候，他们的不满情绪会因为你一次小小的支持或一句鼓励的话而跑得无影无踪。

有一些年轻人看到同事、朋友被提拔就心理不平衡，他们可能会觉得公司不适合自己、工作不适合自己，才让自己不能出类拔萃。假如事实并不像他们想的那样，你就要与他们及时沟通，让他们知道：付出终有回报！只要他平时打好基础，那么他的技术知识、热情、努力和忠诚一定能得到回报，也一定不会错失机遇，得到他们想要的一切，从而实现他们的理想。

身为管理者，一个重要的目标就是防范人才的流失，将人员流动率降到最低。仅仅依靠工资、资金是无法挽留住重要员工的，留住他们的心才能留住他们的人。那么，如何才能留住员工的心呢？

第一，拿公平的利益去吸引他们。从一定程度上讲，公司挽留员工的能力取决于公司的薪酬水平。影响薪酬的因素有3个方面：一、报酬的绝对数量，这个数量取决于行业平均工资、公司经营状况和员工业绩；二、报酬的相对数量；三、员工的公平满意程度。所以，公司要以竞争促效益，以贡献定报酬，以业绩论英雄。

第二，你要创造一个好的平台，让员工尽情施展自己的才能。一个员工，不管他的能力是大是小，都希望将自己的才能展示出来。因此你要发自内心地去尊重、爱惜人才，为他们创造良好的环境，让每一个人的才能都能发挥出来。正如英国卡德伯里爵士所说："成功的领导者会时常鼓励下属发挥自己的才能，不断取得进步；失败的管理者总是将员工看成奴隶，不让下属参与决策，不给别人表现的机会。简单点说，一个好领导让人成长，一个无能的领导只会阻碍他人的成长；好领导一心为下属服务，无能的领导只会奴役下属。”谁都有可能失败，任何员工都可能犯错，身为管理者，要学会以积极的态度看待这些问题。

第三，你也要给普通员工提供成长的机会。优秀的领导者，对员工要一视同仁。如果你将普通员工与优秀员工同等对待，对每一个员工的成长和发展都同样重视，那么，普通员工同样能创造出优异的业绩，可以跟优秀员工相比肩，员工成长了，也意味着公司成长了。

很多公司很注重员工的培养，制订了完备的员工培养计划，这有利于员工自身素质和就业能力的提升，从而吸引了很多优秀人才加入。如果员工能够获得表现的机会，从而崭露头角，并不断成长，那么他们就不会轻易离职，公司也就不会面临员工离职的难题了。

莎士比亚说：“我们只知道自己现在的模样，却无法猜到自己未来的样子。”对你来说，了解团队的每一个成员，跟他们交流思想，具体了解他们的想法，是非常必要的事情。你不要奢望公司所有的优秀员工都永远跟随你、支持你，但是，如果你能够时常关心他们的利益、野心和情绪，我觉得赢得大部分人才的拥护是没有问题的，这一点，希望你能明白。

有些人的想法很值得怀疑：他们会因为换个工作或环境而获得快乐。其实，与他人分享自己的财富才是对他做得最好的事情。

爱你的父亲

十七

亲爱的小约翰：

听说在同行的推荐下，你当了商会的会长，恭喜你！你后生可畏，是年轻人的榜样！但是你不敢担此重任，说自己太年轻了。

你为什么要这样想呢？这是一件大喜事，值得庆贺。你应该感到无比自豪才是，你刚刚 32 岁，就赢得了众多会员的拥护，不值得自豪吗？我这么大的时候，似乎还默默无闻呢。你千万不要妄自菲薄，更不要害怕并逃避担当此重任。无数事实证明，只有经历无数困难阻碍，只有具备不悲观、不气馁的精神，才能成为一名优秀的领导者。

同行肯定认为你的条件足以胜任会长一职，这才推荐你的，所以你根本无须自卑。你要知道，能否担当重任，不是以年龄为衡量标准的。农场里的孩子是不是成了大人，不是看他过了几次生日，当他向大人证明他能从事大人的工作时，他就长成大人了。同样道理，如果一个人证明了他可以做好会长的工作，他自然会变得成熟起来。

所以，尽管你比前任年轻很多，并不代表你成为不了优秀的领导者。很多事实表明，有些行业正是在前一任领导者的管理下陷入不利局面。他们之所以被推选为行业领导人，是因为同行的好心。所以作为他们的继任者，不要害怕自己太年轻，你要有信心，学会用卓越的领导艺术管理商会。我认为，作为一个优秀的领导者，首要的任务就是要学会感人，即用自己的气质、思想、形象和行为去感召、感动、感染别人；通过感人的方式来影响对方的思想和行为，使他们努力进取，实现共同的目标。

感人作为一种领导艺术，不仅崇高，而且十分奇妙，它是一种精神动力，维系着团队每个成员的心，使团体在事业中得以生存、发展，甚至兴旺发达。现在你要做的首要事情就是自信起来，学会用感人的领导艺术驾驭商会，你可以按照以下 3 个原则去做：

第一，领导者的气质和外在形象要卓尔不群、与众不同。身为领导者，无论气质还是外表都要具有美感，要善于塑造自己的形象。例如，不管是衣着打扮还是言谈举止，都要给人留下良好的印象。在社交活动中，要想赢得他人对你的好感，你必须拥有独特的气质，比如要热情，但不可失礼；要幽默而不失洒脱；敏锐但不失坦率；果断但不可不小心谨慎；自信但还要保持谦逊。这样才能更有利于组织的经营和发展。

第二，领导者要有高尚的人格。人格是一种深层次的心灵象征，指的是领导者的思想品格和道德情操。领导者要忠诚、厚道、坦诚、仁慈，要爱人、尊重人、相信人才能感动他人。在一个缺乏高尚人格的领导者管理下的组织，犹如一盘散沙，内部很难形成向心力。所以，领导者用人格感召他人，有利人凝聚人才，是组织成功的重要前提。

第三，领导者要身先士卒，具有务实肯干的精神。领导者应是一个实干家，而不是端领导的官架子。作为领导者，不要只顾着发号施令，纸上谈兵，而应以自己的实干来影响、推动他人认真工作。领导者只有踏实肯干，以身作则，才能增进与他人的感情，也就是说领导者要以榜样的力量去感召他人。人们普遍认为，有些人的领导才能是天生的，是的，确实有这样的人，可是也有很多人是通过后天的学习而成为优秀领导者的，就像人们通过学习成为会计师、医生、律师或印第安酋长一样。假如你决定接受这一职位，就要记住这一点。

当然，上述这些理论只不过是一种经验总结，你不必想太多，你已经有过几年的经理经验了，这一点值得庆幸。我认为在任何领域做领导人都差不多，你不要把自己的领导才能局限在某个领域。你应该在做商会会长的过程中，用自己的智慧、自信、领导能力和善待员工的良好品质来提升自己的领导魅力，从而在人际交往中得到真实的情感体验。你的领导魅力会在你处理好人际关系的同时使你身边的人产生一种向心力。

在处理大事的时候，你是不是要事必躬亲？有些事的确需要你这样做。你要做好决断，属于自己的职务不要委托给特别委员会的委员长。你要以充分理解难题为前提，在任何意见和决定上盖上你的决断大印。这样做就不会与他人产生分歧了。

第四，领导者在经营过程中要勇于承担风险。这意味着这个领导者要有胆有识。同时，这种经营风格更能感染部下和员工。领导者只有以身作则，起带头作用，带领大家奋勇向前，才能使整个整体正常运转，这种领导才会受人爱戴。哪怕你懈怠几分钟，也会影响到其他人，所谓上梁不正下梁歪，他们会不知不觉地效仿你，问题就会越积越多，整个集体就会陷入绝望的困境，甚至崩溃，一败涂地。所以，你要从自我做起，以身作则，然后要求全体人员充分发挥才能，做出最大的努力。

约翰，不要害怕自己年轻，你如果不自认为自己太年轻，年轻就不会成为负担。很多人认为他们的年轻束缚了自己的手脚。是的，有些人担心有人会觊觎他的职位，往往会用年龄或其他原因来做挡箭牌，阻止别人晋升。但是，那些有实力的人绝对不会这样做。他们会给予你充分的信任，让你承担你能够承担的重任。这时，你就要用自己的本事来证明“年轻”是一项有利的资本。

卓越的领导才能是从与他人沟通思想开始的。作为领导者，要想让他人关心你的付出，就必须保持或结成密切的关系。领导者还要将那些思维敏捷、有创新意识的人员选拔出来，这些人不仅有新颖的想法，有时甚至能想出付诸实施的方法。

上面所说的内容的核心，恰恰是那些我们看不见却又不得不去面对的东西。只有正确处理人际关系，身边的人才能形成向心力，而领导者的决策能力则是力量的中心。

勇敢、果断地站在同辈人的前列是一个领导者应有的风度。制订计划一定要慎重，充分考虑队员的能力，看谁适合担当此重任，而不可想当然，草率地将某事分配给某个人。任何伟业的开创都是集体所有成员共同努力、齐心协力的结果。

约翰，对自己要有信心，相信你一定能成为一位杰出的商业领导人。

爱你的父亲

十八

亲爱的小约翰：

经过一段时间的商业旅行，感觉还是回到家里舒服，无论去哪里旅行，都会让人疲惫。与到世界各地旅游相比，我还是更喜欢在家，家才是最舒服的地方。回到家我只是稍稍休息了一会儿就开始给你写信，这是我一贯的做法，我想了解在我离开这段时间里公司的情况。看到你收购赛姆斯石油公司的提案，我真的大吃一惊，你这个建议实在太大胆了，我还是第一次见你提出如此冒险的建议，你到底是怎样想的呢？

当然，收购一家公司，是一件令人激动的大喜事。不过我也知道我们对每一次获得都要慎重，尤其在经历过艰难险阻后，就好像人在经过雷区时要万分小心一样，要不然你肯定会受到严重的伤害。人是应该努力去追求他需要的东西，可是也不能拥有太多。一个人如果只有一块表，他能清楚地知道时间，但是如果他拥有两块表，他就永远也确定不了具体的时间了。

使我们成为石油业最大的公司，好像是你建议收购的原因。当然，这个目标不错，我也一直以此为追求目标。然而，确立目标与具体措施不是一回事，为了实现这个目标，我们要铺设正确的、能够引导我们向目标奋进的道路才行。

从你的提案可以看出，你只是将投入大量资金当作实现目标的手段了，根本没有对相关成本进行估算；你没有考虑到这家公司的管理方法，也没考察它的产品的市场竞争力，只是认为它与我们的业务比较匹配。你根本没有去调查这家公司的拥有者想向哪类人出售自己的公司，由此我猜测，他们只是看重了你的钱。难道你失去了耐心，想在一夜之间将我们的公司发展成为市场上最大的公司？一个公司，只有逐年稳步增长，有计划、有步骤地运营，才能越来越强大。

我们的银行经理对你的计划书根本无法进一步研究，就跟我的一样，因为我刚才所提的问题你还没有完成。你提交的计划将花费巨额资金，他不会同意。银行经理们总是对我们的计划书说三道四，就像威严的上帝一样，遭到他们的拒绝，我们通常火冒三丈。我也曾被银行经理拒绝过许多次，每当这时，我都觉得自己非常愚蠢。不过，等我心情平静后，认识到他们拒绝我的原因——或因为自己没有正确地估计问题，或因为没有仔细分析一些重要因素，我才真正感觉到自己的愚蠢。因此我开始对银行经理的经验和建议尊重并重视起来。

我想你现在肯定在为银行经理的拒绝而烦恼吧，就跟我当年一样。因此，我对你的做法——带着自己的计划书去找另一个银行经理——一点也不奇怪。你发现了银行间的互相竞争能更有力地支持，这是正确的；不过，你明显是在寻找借口，为自己的冲动、愤怒、想象中的羞辱以及自负受到了打击开脱，这就非常不对了。在这种情况下，你的冲动只会给我们带来两个结果：一是一次失败的收购；二是我打了 10 年交道的银行经理从此远离了我们。这两个结果都难以让人满意。因此，我们要让自己冷静下来，重新审视一下这个计划。任何结论都应以冷静的逻辑分析为前提，对前面提到的那些方面和那家公司与我们目前的运作是否匹配，我们要认真评估，实事求是。不过，你的收购计划还是有可取之处的，这一点毋庸置疑。

任何公司，扩大经营都是有很大风险的，对此你一清二楚。有很多人在企业经营过程中，受自负、贪婪等负面情绪的牵引，无法进行理智的思考，导致原本建立得挺不错的企业走向覆灭，这实在很不幸。他们往往控制不住自己的情绪，感情用事，从而做出很多错误的决策，如冲动地解雇优秀员工、与供应商发生冲突、不恰当地提拔员工、错误地投资新领域、遇到难以应付的客户就放弃等。很多商业行为是在 90% 的情绪因素加上 10% 的冷静之下做出来的，如果我以此来打赌的话，我肯定是城里最有钱的人。

在进行商业决策的时候，不掺杂一点情绪因素是非常困难的，但是对这种情绪我们要有意识地进行抵制，尤其在决策的时候。我们要迅速做出行动，但绝不能鲁莽行事，我们首先要扪心自问：这有商业价值吗？我这样做是否只是想满足情感上的需求？如果你不需要拿这些问题询问自己了，你就成了一名理智的管理者。

经历越多，你知道的重大事件就越多，在决策的时候，你的情绪会因为它们而起伏不定。有效地控制自己的情绪，你成功的概率会明显增加。

我认为，你现在就应该坐到办公桌前，拿出你的收购计划书，实事求是地进行深入分析，相信你很快会去重新拜访我们的银行经理。我们最后是不是能因你的努力而合理收购这家公司呢？我相信你的情绪肯定会随着这件愉快的事情而激动起来的，你可要小心哦！

爱你的父亲

十九

亲爱的小约翰：

我听说最近你很郁闷，因为股东的意见与你有分歧，我当年也经常遇到这种情况。此时正是考验你领导能力的时候，不同的人，想法一定也不一样，你切不可因此而放弃。假如一个人与其他人步调不协调，可能是因为他听到的鼓点与别人不同。不必在意，不管他听到的音乐是什么样的旋律，或多么遥远，就让他跟着自己的音乐走吧。

是的，公司的结构非常复杂，合伙人之间必须团结一心、同心协力才行，这对公司来说相当重要。当时我只拥有标准石油公司三分之一的股份，我必须与别人合作才行。后来公司发展得越来越强大，最后成为一个庞大的石油帝国，这个时候我不停地告诫自己，务必与企业步调一致，所以，每每谈到标准石油公司，我喜欢用“我们”而不用“我”，除非是开玩笑。时刻提醒自己，要说我们应该做这做那，而不要说我应该做什么。任何时候都不要忘记，我们是合作伙伴，是为了共同利益在努力做事。

只有先学会管理各式各样的人才，使他们的积极性充分调动起来，才能维系公司的协调一致。我觉得自己在这方面做得挺好。据我多年的经验得知，正是因为我信任别人，也能让别人信任我，所以才取得了成功。就拿拿破仑来说，假如他手下没有那么多杰出的将帅，他也不可能取得如此辉煌的胜利。

管理一个企业也是一样，我做事总是尽可能把职权下放给手下，从来不会刚愎自用、一意孤行；我一向只是在恰当的时候以温顺的态度稍微过问一下，从不会给下属一种我在干涉他们工作的感觉。特别是在开会的时候，我感觉我越是沉默，越有威严，这就是我潜移默化起到的效果。这种方式要比强制性的决策强得多，我愿意用这种方式将自己的意志传达给公司上下。我常常这样保持自己的威信，也借此免除一些烦琐小事的干扰。

另外，我对公司内部的和谐非常重视，每当部门经理之间发生争执的时候，我就出面调解。我说话不多，总是先听大家发表意见，然后才说出自己的看法，为了维护团结，我总是提出折中的方案。从早年开始，我就非常谨慎，往往以建议或提问的方式表达自己的决定。很多问题都是我与你的威廉叔叔、哈克尼斯、费拉格功和佩思等人利用每天的午餐时间边吃边讨论解决的。虽然公司越来越大，可我仍然坚持在做决定之前先争取大家的统一意见，任何重大事件都不会在董事会成员反对的情况下去执行。

标准石油公司很少出现重大的失误，这是因为所有决策都征得了所有人的同意。在行动之前，我们总是提前安排好应对各种突发情况的应急措施，以确保行动准确无误地实施。

当然那时也经常发生意见相左的情况，我和查尔斯·普拉特、亨利·罗杰斯或其他人也经常发生争执，尽管如此，我可以保证绝对没有发生过因权力而引起的感情用事的冲突和上下级之间的猜忌，为此我很自豪。我始终认为，过去是对手、现在由公司纽带绑在一起的董事们是因为一种坚定的信仰走在一起的。

从董事们相互信任这一点可以看出他们彼此同心，也证明了他们道德高尚。居心不良的人是不可能像标准石油的人那样长久地团结在一起的。那些记者和政府调查人员总是想从公司内部窥探点什么，公司领导权的连续性让他们无从下手，公司的领导阵营是由一群控制着这个石油帝国的志同道合的人组成的，坚固无比，他们根本钻不到空子。

不过，重视团结与反对意见并不相互排斥，其实，我对那些心直口快、勇于提出反对意见的同事更加喜欢，对那些虚伪夸张、只会阿谀奉承的墙头草厌恶至极。哪怕他们提出的反对意见很不中听，我也愿意接受，只要不是出于谋私利。正是因为拥有如此宽广的胸怀和气度，我们才取得了现在的成就。

当时很多法律不利于公司的协同合作，尽管如此，众多公司还是在我们的努力下联合在了一起。我们的努力使一个本来极为愚笨的机构化身成一种有效的工具。在工业规划和大规模生产方面，标准石油公司走在了前列。近几年来，我们的这个托拉斯组织在诸多方面取得了有目共睹的成就，比如提高炼油品质、开发副产品、削减包装和运输成本、全球分销石油制品等等。

我为我们在企业管理、体制建设方面取得的伟大成就而感到骄傲，这些成绩有目共睹，不容置疑，而且有我的努力与付出，可以说我的功劳也不小，不容忽视。我对公司做出的贡献以及影响力，大家看得一清二楚，虽然我不会有意宣扬自己的功劳。我要把自己的钱用在更有价值的地方，对我的同事们忙于购买豪华住宅和欧洲艺术品的做法不敢苟同。不怕读者笑话，有时候我简直就是一个垃圾桶，我愿意购买任何董事的股票，只要他们愿意卖。如此一来，我手中掌握了数量惊人的股份，正因为此，我发表的意见就更有分量了。

我认为我的个人魅力对同事及下属产生的巨大影响力才是最重要的，所以我从来不忘乎所以，尽管我持有的股份无人能比。我平时十分注意锻炼自己，使自己像政治家一样冷静，待人不过分亲热，也不粗鲁暴躁，更不浮夸无礼。即使在基层员工面前，我也注意自己的行为，举止得体，平易近人，他们向我不断抱怨，我也不生气。每个员工每年都有一次为自己争取加薪面见执行委员会的机会。这个时候，我总是尽可能做得让人满意而归。如果罗杰斯表示不愿再听下去，拒绝他们加薪的要求，我会劝他：“哦，这次就满足他们的请求吧。”

另外，对那些超出自身能力很多的问题，我时常尝试着去努力解决，我认为自己是一个持之以恒、不轻言放弃的人。遇到问题，我常常会三思而后行，但是一旦想好就会马上行动，然后坚持不懈地去执行。坚定的信念是我的目标，一旦认准方向，我就会如离弦之箭疾飞而去，谁也阻止不了。我坚信，有了上帝的帮助，我的目标一定能够达成。

约翰，你肯定做得比我好，我相信你。虽然一个人的能力是有限的，但你可以做个领导者，带领一批人一起致富。加油吧，孩子，你一定能成为一名优秀的商界领导人！

爱你的父亲

二十

亲爱的小约翰：

上次在我这里共进晚餐时，你说德克萨斯炼油厂效率太差，拖了公司的后腿，想将它卖掉。当时我不想打击你的气势，便没有表态，事实上你的这个想法存在诸多不当之处，你要是仔细想想，就会明白。

我认为，德克萨斯炼油厂只要渡过这次难关，就能在短时间内重新获利，再说，一个正在亏损的企业是不容易售出去的。况且，企业多样化是有很大好处的，就算某个企业出现经营不善的情况，别的企业也可以伸出援助之手。但是，如果就有一家企业，那么前景就有点危险了。况且德克萨斯炼油厂占据着垄断地位，因为它的设备不同寻常，消极点说，就算收益下降了，仅公司的不动产也具有非常大的价值。

下面我给你说一下我做重大决策时的思路，相信你一定会从中受到启发：谋而后动；先听他人意见再做决断；以诚经商；先思考再说话；捍卫自己的原则；净化自己的思想。“不把所有鸡蛋放在一个篮子里”一直是我经营哲学的基石。

假如有向其他相关产业投资的机会，我首先会想：我的资金是否能满足新产业的投资需求？我们是否拥有这一经营所需的能干的、经验丰富的人才？公司的建立应以人为中心，而不是以公司为中心将人集合在一起，这是人才机制遵守的原则。如果上述两个条件都满足的话，我会再去考虑销售、流通、竞争以及其他常识性问题。所以我习惯分散使用资金，投向各个方面。在拥有公司的同时，将资金化整为零向不同的方面投资，这样公司就不会受同一种风险因素的影响和制约了。

在事业发展初期，我曾被每周破产的公司数目惊得目瞪口呆，所以我不断地提醒自己，要向综合经营发展。只要事业能持续发展，多种经营的进程就能迅速推进。我现在拥有多家不同的公司，而不是一家公司，所以对这一钢铁般的定律，我觉得自己比任何人都坚持。有人或许会说："假如我专注于最初的公司，一心扑在它的经营上，公司从整体上来说一定能比我们现在的事业发展得更加宏伟、庞大。"可是我并不赞同这个观点。综合经营多家公司是比较安全的，这种方式给人一种放心感，我喜欢，就算一家公司破产了，靠其他公司也可以保证家族生活无忧。

我过去生活很贫困，为了不让自己再受贫穷之苦，我的思想自然有点保守，之所以产生拥有第二种事业的想法，正是为了防备最初事业的失败，这很合情合理。况且，一天只需要花上两三个小时就能经营一个公司，完全达不到我期望的 10 个小时，甚至不到 8 个小时。我的工作大部分是重复进行的，所以我开始聘用很多能干的人才，投入其他的事业。正是因为上述两个原因，综合经营对我才有如此强烈的吸引力。

向不同的领域投资，我并不认为是在赌博，因为新产业和已有产业具有相似性。它的基本原理是“有必要试穿一下所有的新鞋子”，与横向、纵向的扩展都毫无关联。获得经济保证的基本原则是将资金投到较为熟悉的领域。但是需要注意的是，绝对不可将全部财产投在一个比较狭隘的领域里。世界经济变幻莫测，有时候就算是最有希望的赌博也会一败涂地。19世纪70年代，原油价格似乎要升到一桶75美元，每个人都想去开发沙特阿拉伯油田。可是直到今天，就算不算上通货膨胀，原油价格也只是一桶15美元。

很多人看到别人成功了，就认为自己也能成功，这是一种普遍的错误认知。总觉得自己跟其他人一样聪明，往往会造成经济上的惨败。飞蛾扑火般地投向一个新领域，会被等待已久的大鳄们吃得连渣儿也不剩，这样的例子数不胜数。

因此，要让德克萨斯炼油厂获得新生，只需要从其他几个公司调拨一笔款项出来即可。东方不亮西方亮，经营多家公司，虽然不会全部获得成功，但总有其中几家能够获得不小的成功。直到今天，我们一直是按照这样的原则来发展事业的，在上帝的眷顾下，这一决策不仅弥补了其他公司所受的些微损失，还给我们带来了不少收益。每个人都希望自己是商界的奇才，能够在任何产业上取得成功。因此，经营多家公司的人，往往会比较自负，过度地相信自己的能力。但是我认为，你能凭某个经营理念在这一事业上取得成功，并不一定能在其他事业上取得成功。企业管理者必须掌握“潜力储备”这一概念。“潜力储备”是一种战略性的经营决策理念，指的是基于可持续发展与环境适应的考虑，有计划地积累企业的实力。“潜力储备”是经营观念更新的产物，具有显著的时空变化特征。

人们总是喜欢谈论企业“挖掘潜力”这个话题，但是，要挖掘潜力，企业必须要有潜力。所以“潜力储备”具有实在意义。

多年来，人们不停地呼吁企业要“挖掘潜力”，而正是为了深化和拓展对“挖掘潜力”内涵的认识，才提出了“潜力储备”这一概念。事实上，企业在挖掘潜力的积极作用下已经在高效率地运转，而“潜力储备”概念的明确提出，促使企业保持长期有潜力可挖，从而保证企业的高效率、稳定运转。

另外，“潜力储备”是企业保持活力与深度的保证。这一点不难理解，一个有足够“潜力储备”的企业，承受外界环境变化和市场竞争风险的能力更强，而且可以稳定地、循序渐进地进行技术更新，开发产品。由此可见，企业积极进行“潜力储备”，能够扩大内涵再生产。

还有，“潜力储备”与管理学中的“弹性原则”相符合。外界环境是不断变化的，企业单位在应对过程中要留有余地，这就是管理学上的弹性原则。在管理学中，弹性原则是一条极为重要的原则。大家都知道，外界存在诸多因素，引发企业时刻处于激烈的竞争之中，有确定性因素，也有不确定性因素；有可以控制的，也有不可控制的。企业必须具有应变的能力，随时预备着防范措施，而“潜力储备”能使企业以盈余补歉收，帮助企业渡过难关，正好为企业防范和应对外界时刻准备着。从本质上讲，弹性原则就是要求企业有足够的资金实力，而企业的实力在一定意义上等同于企业潜力的综合储备。

最后，“潜力储备”是现代企业经营创新的结果。过去，很多人在经营企业上所持的理念通常是“守业”，这种传统经营观念具有很大的消极性，企业经营者要尽量摆脱这种观念，主动到市场寻找企业现在和将来的发展机会。为此，企业要尽早做好“潜力储备”，包括物质、技术、资金、人事、社会等各方面的储备。任何企业都要充分重视和大力提倡潜力储备，因为它是一种立足于内而着眼于外、立足于当下而着眼于未来的开拓创新思想，并非是那种立足于内、听天由命的被动观念。

我一直想退出商界，所以在多元经营过程中，我总是尽可能地缩减经费。你或许会认为我对事业发展过程中的极度厌恶是胆小怕事的表现，但是我始终认为，如果公司出现了损失，要尽早削减一切经费，也就是从损益统计表的最大项目开始，尽其所能地削减经费或彻底取消，工作就是这么简单。这样做，可以缩小经营规模，在重新组编后，企业就没有了多余负累，竞争力会大大增强，就可以重整旗鼓。如果做不到这一点，那么就卖掉它或关闭它。

在购买公司的同时，购进了解公司的经营方法、优秀的管理人才是我在筹划多元化经营时的另一个重要原则。

总之，我不太支持你将德克萨斯炼油厂卖掉，你是不是再好好想想？

爱你的父亲

二十一

亲爱的小约翰：

对你的生活，我从来不想干预，虽然我既是你的父亲又是你的雇主，但是，我还是想谈一下我是如何看待你最近几个重大决定的。

6个月后，总裁就退休了，这个决定已经公布。有人提名你为他的候选人之一，你竟然拒绝了，我对你的做法很不理解。你辛苦打拼，努力工作才获得了今天的职位，为此你的家人也承受了极大的压力，你们一起克服了重重困难。你现在生活得不错，工作很顺利，大家对你的管理才能给予高度的赞扬，你眼看就要到达事业的巅峰了，为什么突然放弃了呢？

你只是将这件事向我简单地说了说，由此我发现你有3个方面的顾虑：一、你认为你胜任不了那个职位；二、那个工作也许会给你带来很多麻烦；三、那份工作也许会花费你大量的时间。我猜想，这里面也许还包含一定的胆怯因素。

当然，担任公司总裁职务肯定是一个巨大的挑战，可是你不必担心，你的能力足以应对这个挑战。这一职务不仅负责人事任命事项，还要负责组织性的工作，评估收益和损失，它将使你的能力在更广泛、更深层次上得到发挥。再说它的任务你哪条没做过？梭罗说过："恐惧比任何事情都可怕。"我时常提醒你记住这句名言，下面我们就对你提出退出的3条主要原因好好讨论一下吧。

首先说说它可能占用太多时间的问题，我认为这个原因是不成立的。我从商 35 年，从我的经验来讲，一个好总裁会合理地利用时间，充分发挥自己的天赋，让自己的每一分钟都能满足需求和实现目标；一个好总裁能够合理、精确地分配时间，除了工作，他们还会与家人朋友一起快乐生活，去旅游，去参加慈善活动、体育锻炼、娱乐活动或是一个人安静地思考。

思考的时间对于一个总裁意义重大，能给他带来最大的回报。因此那些优秀的企业家会从每周抽出一天时间用于思考。他们会将每周的前四天用于工作，与员工、管理层、客户、银行、研究者、政府官员等交往沟通，第五天进行思考，回顾总结本周的工作，有条理地计划下一周或下一个月的工作。

作为一个企业总裁，应该把日常事务，尤其是那些重复、耗时的工作交给其他人去处理，如果他将大量的时间花费在这些事情上，就是在浪费时间了。你能够在妻子、3 个孩子、家庭、朋友和事业之间合理地分配时间，可见你已经掌握了有效管理时间的办法。这个问题你已经可以解决了，那么这个时间上的原因就可以抛弃了，再说了，你最小的孩子都要读高中了。

下面我们来谈你的另一个原因——这份工作也许会给你带来很多麻烦。只有那些没有能力管理自己工作的人才会认为总裁一职会给自己造成过多麻烦。人，不仅会造成麻烦，而且会想出办法去解决麻烦。如果你选择的人都能胜任自己的工作，承担相应的责任，那么你要面对的麻烦就会很少。以人为本和团队精神从来都是企业的基础，我们不止一次谈过它们的重要性。

做任何事情都会遇到麻烦，甚至会遇到一些不必要的麻烦，比如不理智的财政政策、生产上出现一些稀奇古怪问题、由于总裁不接受你的意见而不得不反复提起等，这些问题你在过去几年里都曾处理过，应该知道它们会严重影响部门的士气和效率。可是如果你成为总裁，完全可以在这些问题处于萌芽状态时就将其解决掉。你要记住，能够检验你勇气的不是烦琐的麻烦，而是如何经营企业的挑战。

你拒绝的主要原因是你认为自己的能力无法胜任总裁一职。对自己的能力能够有充分的认识和评价，这很不错，但是，一个人不能自视甚高，也不能妄自菲薄。对总裁一职，你完全有能力胜任，不管是从你的经历上还是经验上说都没有问题。有了这个基础，你会在工作过程中培养出卓识远见、领导才能和坚定的意志，这些均为一个优秀总裁必备的素质。

所谓远见，指的是你对公司发展方向和发展时机的期望；所谓领导才能，指的是确定公司的前进策略，正确选择人才以帮助你实现目标；坚定的意志指的是确定了方向就坚持不懈，不管中间遭遇什么样的困难和挫折。

华盛顿说过："面对强大的事物，要勇于挑战，获得伟大的成功，就算是失败了，也比那些不愿努力的人强。没有奋斗精神的人的生活是灰色的，既没有胜利也没有失败，不会遭遇太多的痛苦，也享受不到太多的快乐。"

通常情况下，失败的总裁不是一个很好的组织者，他们不善于沟通，时常找不到合适的重要员工和咨询顾问，然而你不同，他们不具备的条件你都具备。身为一个总裁，你只要知道如何合作，如何让不同职能部门朝着一个方向努力前进，如何迅速定位问题并解决它们，而不需要知道每一件事情。你不仅知道上述所有问题，而且你所领导的这个部门之所以能够稳定运营，正是因为当初将它交到了你的手上。因此我认为总裁这个职务不会给你带来太多的麻烦。这把交椅只是比你现在的职位高了一些，要求高了一些，不过我相信你有能力坐稳它。

我认为你应该离开几天，去大自然中感受一下，重新考虑一下这个决定，我已经为你和你的妻子订了两张机票，你们一起去海边转转吧。

那些优秀的成功者往往在晚上同伴们都睡着的时候还在拼命向上攀登，所以他们才能达到并保持现在的高度，他们的成就从来不是一时冲动一蹴而就的。

约翰，勇敢点！

爱你的父亲

二十二

亲爱的小约翰：

我的身体越来越差了，近几天咳嗽个不停，我知道自己时日不多了。我已经很老了，总有一天上帝会把我带走。我能在活着的时候亲眼看到你继承我的事业，并将公司经营得不错，我感到由衷的欣慰和庆幸。

约翰，我想提醒你一点，要多关注公司组织内部的管理和外部市场动向，尤其是在公司发展良好、规模不断扩大的时候。井然有序的管理制度、清醒理智的管理行动是每一个企业良性运营的必要条件，特别是我们这样庞大的企业。我过去时刻关注着自己的一举一动和部下的一言一行。我每天早上 9 点 15 分会准时到达公司。我每天都穿戴齐整，仪表整洁，我觉得，就算是为了公司形象，每个人也必须注重自己的仪表仪容。在每个办公套间里，我都配备了擦鞋工具，免费的；我每天早上都会请理发师为我修面。

任何人都无权浪费别人的时间，所以我从来不迟到，这是最基本的时间观念。我从来不将时间浪费在小事情上，我会设定一个时间表，有计划地做事情。我每天会在 10 点左右停下工作，吃点饼干，喝点牛奶，适当休息一会儿；为了恢复精力，使体力和脑力处于最佳状态，午饭后我会睡一会儿；时刻绷紧神经，不是什么好事儿。

我喜欢沉默，相信沉默具有神奇的力量。谨慎的商人往往沉默不言，只有做作的人才会随便开口，面对记者滔滔不绝。我最喜欢两句话：一、只说不做的人如同长满野草的花园。二、只有多听少说才有可能取得成功。我信奉多听少说的原则，它帮助我在竞争中获得了不少优势，我的沉默寡言在谈判中经常让对手手足无措。我在生气时的沉默更有力地压制了对方的气势。

有一次，我正在办公室埋首工作，一个承包商怒气冲冲地闯进来，对我大呼小叫、大发雷霆，我没有抬头，最后他终于叫累了，这时我才抬起头，坐在转椅里来回转着，平静地盯着他，问："你再说一遍好吗？你刚才说的话我没听清楚。"那个承包商顿时泄了气。

我的沉着冷静让每一个认识我的人记忆深刻。我敢保证，任何人都不可能让我有一丝一毫的冲动，不管他现在说什么或做什么令人难以容忍的事情。我的脉搏比普通人低得多，每分钟只有 52 次。我从来不会冲雇员大发雷霆，也不会大喊大叫，更不会说脏话或做有失文明的言行。有时员工犯了错，本应该受到处罚，但我还是不忍心惩罚他们。对于那些有贪污行为的下属，我也没有将他送上法庭，只是解雇了他。

我对员工一直很用心，很小心。在我看来，员工是公司最重要的资本。我在公司成立之初，都是直接参加普通员工的招聘。后来公司规模扩大了，员工人数已超过 3 000 人，这时的员工招聘我不可能再亲自参加了，但只要发现优秀人才，哪怕当时看上去并不需要，我都会想办法将其招进公司。

对那些社交能力强的管理人员，我更加看重，在我看来，人的交际能力也是可以买到的商品，就像咖啡和糖一样。再说了，我花费在这种能力上的钱远远超过购买世上任何东西所花的钱。

我总是鼓励员工向我直言不讳，对他们的生活也极为关心。如果有员工生了病，我会写信去慰问，我还时常写信给退休的员工，询问他们的情况。可以说，对员工工资和退休金，我从来都很大方，毫不吝啬。在同行业中，我付的报酬高于平均水平。我的下属都愿意跟随我工作，对此我很自豪。

我总是通过奇妙的暗示方式鞭策员工进步，而很少公开称赞他们。对员工我会进行全面而严格的考验，如果觉得他值得信任，就会给予他很大的自主权，只要不出现大的错误，我就不会去干预他们的工作。通常情况下，如果你认为员工具备必要的素质，认为他们有能力胜任某项工作，你就把他们推进深水区，不管他们是沉入水底还是游上岸，你都不要插手，让他们自己努力，他们会成功的，这是提拔员工的最好办法。

只有将权力下放，才能协调这个庞大机构的工作。标准石油公司将培养下属主动为公司工作作为部分行为准则。有一次我向一名新员工介绍工作，我问他有没有听说过在这里工作的规矩，他说没有，于是我对他说："不要亲自去做那些可以交给别人的工作……你应该将自己的精力放在动脑筋上，多想想如何才能为公司多赚点钱，所以你必须尽快找到一个可以信任的人，将你的工作交给他去做。"我始终按照这一原则去做事，从而得以摆脱琐碎的日常事务，将更多的时间和精力用在宏观决策上。

我的主要职责是制定公司的政策和理论基础，我是一名管理者，而不是一个技术创新者。每天的事务都如潮水一般涌向我，我必须以非凡的反应能力做出判断。这个时候，我那优秀的数学才能在很大程度上帮助了我。我正是通过大量的数据处理对这个权力分散的石油王国进行了有效的掌控与管理。我通过分类账本这种隐形的力量控制着这个庞大的公司。我一直喜欢数字，从16岁我当记账员开始，它在很大程度上帮我把繁琐复杂的系统简化成一个统一的标准。我正是按照这个标准对下属机构的经营状况进行远程衡量和检验，从而了解到真实情况。按照这个方式，我要求公司的每一项成本计算都精确到小数点后几位。这一理性的管理理念广泛适用于整个公司，从最高机构直到最基层部门。

标准石油公司虽然取得了不错的成就，但我觉得它还没达到完美。我希望公司能够不断奋进，力求完美，我认为每个公司、每家工厂都还有很大的发展空间，可以不断改进。公司的发展离不开对细节的追求，规模越大，细节问题越重要，虽然有些人觉得有点过分。试想，一个地方节约一分钱，全公司能节省下来多少钱啊！

有一年我去纽约市考察标准石油公司下属的一家工厂。这家工厂的主要业务是将煤油按5加仑一桶进行灌装、密封，然后远销国外。

我在一台机器跟前停下脚步，看工人给油桶焊盖，然后向一位住厂专家问道："需要几滴焊锡才能封一个油桶？"

那位专家回答："40滴。"

"尝试过38滴吗？"

专家摇摇头。

"没有？就试试吧，用38滴焊，然后将结果告诉我，可以吗？"

后来得知用38滴焊锡密封油桶，会导致漏油，不过用39

滴就可以解决这个问题。从此标准石油公司下属所有炼油厂便实行了一个新标准——用39滴焊锡密封油桶。一滴焊锡看上去微不足道，但一年下来，整个集团就节省了2.5万美元。

我们还可以逐步减少桶板的长度、降低桶箍的宽度，不过必须以保证油桶强度为前提。诸如此类的情况还有很多。做这些不仅能为公司节约不少成本，还能使公司的运营更趋完善。尽管建立牢固结实的工厂设备在初期会花费较高的建设成本，但我一直要求公司这样做，正是出于完善公司运营的目的，而且还可以降低维修费用。对从原油中提炼出来的各种成分，我都尽可能充分利用。在公司成立的前两年里，煤油和石脑油是公司经营的主要产品。

从1874年起，公司开始逐步扩大经营范围，开始生产做口香糖用的石蜡、筑路用的石油沥青等其他石油副产品。后来又扩大到铁路和机器车间用的润滑油以及蜡烛、染料、油漆和工业用酸。为了增强我们生产凡士林的销量，我们今年并购了新泽西州的切斯布劳制造公司。

我们不断地追求完善，永不止步。这也是我们今后要一直坚持下去的目标和信念，并将其在公司内部贯彻到底。上帝从来都是公平的，它告诉我们，每一个人的潜能都是不可限量的，我们完全可以变得更加伟大，更有爱心，获得更大的成功，发挥更大的潜能。

爱你的父亲